I0377700

www.ingramcontent.com/pod-product-compliance
Lightning Source LLC
Chambersburg PA
CBHW081306070526
44578CB00006B/812
* 9 7 8 1 9 8 9 8 8 0 8 0 7 *

انجیل مستان

نویسنده: محمد محمدی بندری

به کوشش و تصحیح: دکتر سعید نعمتی

سریال کتاب: P2245100076
سرشناسه: NMT 2022
عنوان: انجیل مستان
زیر نویس عنوان: منتخباتی از ساقی نامه های تاریخ ادبیات
پدیدآورندگان: محمد محمدی بندری. به کوشش و تصحیح دکتر سعید نعمتی
طراح جلد: KPH Design
شابک کانادا: ISBN: 978-1-989880-80-7
موضوع: عرفان/ شعر/ ساقی نامه
متادیتا: Literature /Poem/ Cultural/ Language art
مشخصات کتاب: صحافی مقوایی سایز وزیری
تعداد صفحات: ۲۰۲
تاریخ نشر در کانادا: فبریه ۲۰۲۲

هر گونه کپی و استفاده غیر قانونی شامل پیگرد قانونی است.
تمامی حقوق چاپ و انتشار در خارج از کشور ایران محفوظ و متعلق به انتشارات می‌باشد
Copyright @ 2022 by Kidsocado Publishing House
All Rights Reserved

Kidsocado Publishing House
خانه انتشارات کیدزوکادو

ونکوور، کانادا

تلفن : +1 (833) 633 8654
واتس آپ: +1 (236) 333 7248
ایمیل : info@kidsocado.com
وبسایت انتشارات: https://kidsocadopublishinghouse.com
وبسایت فروشگاه: https://kphclub.com

سلام هم زبان

دستیابی ایرانیان مقیم خارج از کشور به کتاب‌های بسیار متنوع و جدیدی که به تازگی در ایران نگاشته و چاپ می‌شوند، محدود است. ما قصد داریم این خدمت را به فارسی زبانان دنیا هدیه دهیم تا آنها بتوانند مانند شما با یک کلیک کتاب‌هایی در زمینه های مختلف را خریداری کنند و درب منزل تحویل بگیرند.

گروه KPH و یا خانه انتشارات کیدزوکادو تحت حمایت گروه کیدزوکادو این افتخار را دارد تا برای اولین بار کتاب‌های با ارزش تألیفی فارسی را در اختیار ایرانیان مقیم خارج از ایران قرار دهد.

از اینکه توانستیم کتابهای جدید و با ارزشی که به قلم عالی نویسندگان و نخبگان خوب ایرانی نگاشته شده است را در اختیار شما قرار دهیم و در هر چه بیشتر معرفی کردن ایران و ایرانیان و فارسی زبانان قدم برداریم، بسیار احساس رضایتمندی داریم.

این کتاب‌ها تحت اجازه مستقیم نویسنده و یا انتشارات کتاب صورت گرفته و سود حاصله بعد از کسر هزینه‌ها، به نویسنده پرداخته می شود.

خانه انتشارات کیدزوکادو در قبال مطالب داخل کتاب هیچگونه مسئولیتی ندارد و صرفاً به عنوان یک انتشار دهنده می‌باشد. شما خواننده عزیز، می‌توانید ما را با گذاشتن نظرات در وب سایتی که کتاب را تهیه کرده‌اید به این کار فرهنگی دلگرمتر کنید. از کامنتی که در برگیرنده نظرتان نسبت به کتاب است عکس بگیرید و برای ما به این ایمیل بفرستید. از هر ۴ نفری که برایمان کامنت می‌فرستند، یک نفر یک کتاب رایگان دریافت می‌کند.

ایمیل : info@kidsocado.com

فهرست مطالب:

دیباچه ۱۱
«به نام حضرت دوست» ۱۳
آرزوی گوالیاری ۱۷
آذر بیگدلی ۱۸
اختر گرجی اصفهانی ۲۴
ادهم آرتیمانی ۲۷
اسد بیک قزوینی ۲۸
اشرف مازندرانی ۳۰
اقدسی مشهدی ۳۳
الهام اصفهانی ۳۴
امری ۳۵
امیر خسرو دهلوی ۳۶
امیدی رازی ۳۸
اوجی کشمیری ۴۱
بیخود لاهوری ۴۲
پرتوی شیرازی ۴۳
تقی پیرزاد مشهدی ۴۷
حافظ ۵۰
حیران کردستانی ۵۵
خرده کاشانی ۵۶
خطائی قمی ۵۸
خواجه حسین ثنائی ۵۹
خواجوی کرمانی ۶۱
درویش مسکینی ۶۲

دوستی سمرقندی	۶۳
رابط اصفهانی	۶۴
رشدی	۶۵
رشیدای عباسی	۶۶
رضی آرتیمانی	۶۸
رکن الدّین مسعود کاشانی	۶۹
زکی همدانی	۷۱
ساقی خراسانی	۷۲
ساکت تبریزی	۷۳
سالک قزوینی	۷۴
شاه شجاع	۷۷
اشرف زرد تبریزی	۷۸
شوکتی اصفهانی	۷۹
شکیبی اصفهانی	۸۰
صحیفی	۸۱
صدقی استرآبادی	۸۲
صفی صفاهانی	۸۵
ضیائی موشحی	۸۷
طغرای مشهدی	۸۸
عارف ایگی	۹۳
عبدالرحمن جامی	۹۴
عبدالنبی فخر الزمانی قزوینی	۹۸
عتابی	۱۰۰
عرفی شیرازی	۱۰۱
عزت اکبر آبادی	۱۰۶
عزت قاجار	۱۰۷
غزالی مشهدی	۱۰۸

غیاث شیرازی	110
غیاثای منصف	111
فانی کشمیری	112
فرسی شیدانی	114
فزونی استرآبادی	116
فوجی نیشابوری	117
فوقی یزدی	118
فیاض لاهیجی	119
قاسم سمنانی	121
کوثری همدانی	122
گدایی	123
لسانی شیرازی	125
مایلی نیریزی	127
محبعلی سندی	129
محمد صوفی مازندرانی	131
مرشد بروجردی	134
مجذوب تبریزی	136
مرعشی شوشتری	137
مشفقی بخارایی	139
معلوم تبریزی	140
ملهم کاشانی	141
موالی تونی	143
میر ابوطالب فندرسکی	144
میرزا شریف جهان قزوینی	147
میرزا غازی وقاری	149
میر غروی کاشانی	150
میرزا قاسم گونابادی	151

میرزا نظام دستغیب	۱۵۶
میر سنجر کاشانی	۱۵۷
ملک قمی	۱۵۹
میر ملکی قزوینی	۱۶۰
میر عسکری کاشی	۱۶۲
نظامی گنجوی	۱۶۶
ظهوری ترشیزی	۱۷۱
نوعی خبوشانی	**۱۷۴**
والی کردستانی	۱۷۷
والی کرمانی	۱۷۸
والیه قاجار	۱۸۱
وحید قزوینی	۱۸۳
هاتفی خراسانی	۱۸۴
هادی ابرقوهی	۱۸۷
هدایت طبرستانی	۱۸۸
یوسف شاملو	۱۹۱
اصطلاحات عرفانی که در این کتاب بکار برده شده است:	۱۹۲

ساقی نامه

دیباچه

«به نام حضرت دوست»

ادب و هنر هر ملتی آیینه‌ی تمام نمای تاریخ آن ملت است. فرازها، و فرودها، کامکاری‌ها و ناکامی‌ها، پیروزی‌ها و شکست‌ها، شادی‌ها و غم‌ها، حرمان‌ها و امیدها همه و همه در این آیینه‌ی شفّاف منعکس می‌شود. از این روست که امرا و سرکردگان و به خصوص خودکامگان تاریخ همواره از انعکاس تصاویر زمانه‌ی خویش در آیینه‌ی ادب و هنر هراسناک و دلنگران بوده‌اند و گاه تاب دیدار چهره‌ی ناپسند خویشتن را نمی‌آوردند و آیینه را در هم می‌شکستند.

بیش از هزار سال از ناسپاسی سلطان محمود غزنوی و همین قدر نیز از حیات فردوسی طوسی می‌گذرد و هنوز حکایت پایمردی حکیم طوس و حرمت‌شکنی نانوازاده‌ی غزنوی نقل مجالس است و این هم از اثرات همان آیینه‌ی موصوف است. امّا اگر به دیده‌ی انصاف در تاریخ ایران بنگریم، ناگزیریم حقیقت تلخ تلخکامی‌های پی در پی نیاکان خود را بپذیریم.

ما در طول تاریخ بسیار گریسته‌ایم. هم‌ناله با سلطان سخن طوس در ماتم ایرج و سهراب و سیاوش بر سر و روی کوفته‌ایم و هم مرثیه با رودابه و مادر حسنک وزیر خون دل خورده‌ایم.

گاه همچون آواره‌ی یَمگان در بدر کوه و کمر شدیم و زمانی پای حصار بلندِ «نای» همصدا با مسعود سعد سلمان فغان برآورده‌ایم. همچون عطار و سیف فرغانی اشک در دیدگان و خون در دل بر مغولان نفرین فرستادیم. چونان عین القضات در آتش و نفت و بوریا نام دوست را فریاد زدیم و این حرفی است از هزاران که اندر عبارت آمد. رد تازیانه‌های ستم بر جای جای پیکر تاریخ سرزمین ما پدیدار است. فریبکاری سلم و

تورها، شقاوت چنگیزها، بی‌رحمی تیمورها، غارتگری اسکندرها، زخم‌هایی است که گاه و بی‌گاه سر باز می‌کند و خون ایرانی را به جوش می‌آورد.

ادب گران‌سنگ پارسی داغ ناکامی‌های بی‌شماری را بر جبین و غبار سالیان اندوه را بر دامن دارد. حُزن و غمِ بی‌پایان که در ادب پارسی به خوبی محسوس است ریشه در تلخکامی تاریخی ما دارد. روح لطیف و طبع حساس گویندگان خوش‌ذوق ایرانی آزرده جانان و خسته‌دلان را به نوشداروی شعر مرهم می‌گذاشت و مردم زمانه گنج عافیت را در کُنج شبستان شعر پیدا می کردند و دمی چند نَفَس به آسودگی بر می‌آوردند.۱
ساقی‌نامه سایه امنی بر سر از پا فتادگان و خستگان وادی عشق است و به راستی که میخانه پناهگاه بی‌پناهان است که خواجه‌ی شیراز نیز بی‌پروا فریاد برمی‌آورد:

فتنه می‌بارد از این سقف مُقرنَس برخیز   تا به میخانه پناه از همه آفات بریم

امّا این ساقی کیست؟ که رندان عالم سوز و مستان سرانداز اینگونه خود را به زیر پای او می‌افکنند و با آنهمه آزادگی ساغر می را به التماس از وی می‌طلبند؟ این جام چه جامی است که صاحبدلان جان به بهای آن می‌افشانند؟ به راستی این مستی چه مستی است؟

سر خوشم این ناگهان مستی ز بوی جام کیست؟

شعله می‌ریزد زبانم بر زبانم نام کیست؟

این باده آتش در خرمن مصلحت اندیشی می‌زند و هستی عاشق را سراسر می‌سوزاند، امّا در جان‌های ناپاک هیچ اثری ندارد و تنها خُمار می افزاید و بس.
همان‌گونه که گفته آمد شعر زمان بازتاب درد زمانه بود و خاصه تا سدّه‌ی هشتم هجری کمتر شعله‌ی نشاطی در خرمن خاموش آن دیده می‌شد و این گفتار نشانه خفیف ساختن آثار این دوره نیست که این دوره بزرگانی چون عطار، مولانا، سعدی و حافظ را در خود پرورده است امّا آنچه مسلّم است این است که نوعی خمودگی و کسالت و یأس در آثار این دوره به چشم می‌خورد که محصول نامرادی‌های زمانه است. شگفت این است

---

۱. نگاه شود به ساقی نامه‌ی آذر بیگدلی.

که «ساقی‌نامه» ها هیچ نشانی از این سیلاب غم بر چهره ندارند و لبریز شور شوق و شادمانی‌اند.
ساقی‌نامه گویا با زمین و اهالی آن آشنایی ندارد و از عالم دیگری است. شاعر در ساقی‌نامه از خاک و دلبستگیهای آن رها می‌شود و با مدد از فیض روح القدس بال در افلاک می‌گشلید و خاکدان را به اهل آن وا می‌گذارد. کمتر ساقی‌نامه‌ای را می‌توان یافت که رنگی از شهود در آن نباشد و هر چه هست حدیث دوست است که بیخودانه از قلم می‌تراود و بی‌بهانه در دلها می‌نشیند. شاعر در هنگام سرایش ساقی‌نامه در وادی طلب [1] و گاه حیرت [2]، سرگشته و لبریز تمنّا است. ساقی را صدا می‌زند و از او چیزی طلب می‌کند که در عالم فانی یافت نمی‌شود. از شراب پاک عالم بالا سخن می‌گوید و از خَمر بهشتی دَم می‌زند.

شاعر از ساقی می‌خواهد که با شرابی مرد افکن از خویش بی‌خویشش کند. غم از دل ببرد، یار را بر سر پیمان آورد، جان را شکیب دهد، کیمیاگری آموزد، آلودگی زداید، رستگاری دهد و خلاصه هر چه از خوبی و پاکی متصوّر است به وی بخشد. همین است که برخی ساقی‌نامه را در ردیف الهی‌نامه می‌شمارند و اگر گاه جسارتی در طلب بر زبان آید به صداقت راز و نیاز گوینده واگذارند و بس.

امّا در باب تصنیف این اثر، کوشش گردآورندگان بر آن بوده است که جامهایی که ساقیان گشاده دست لبالب از می نموده‌اند را یک به یک به مشتاقان ساغر دوست بپیماید. خدمت در میخانه به فرموده‌ی خواجه شیراز کار اهل دولت است در لباس فقر. [3]

حال این افتخار نصیب خادم میخانه‌ی وحدت شده است که خدای رحمان را بدین مقام شکر نعمت می‌گذاریم. این مجموعه بعد از یک سال تلاش پیگیر و با شیوه‌ای نوین و ابتکاری به ارباب ذوق پیشکش می‌شود. در این اثر چکیده‌ی ساقی‌نامه بزرگان سخن به

---

۱ . وادی از هفت وادی سلوک.
۲ . وادی از هفت وادی سلوک.
۳ . روزگاری شد که در میخانه خدمت می‌کنم   در لباس فقر کار اهل دولت می‌کنم

 انجیل مستان

گونه‌ای آمده است که وقت بی‌دلان را خوش دارد و روح صاحبدلان را راحتی بخشد. در این گزیده سخن به ملالت نمی‌کشد که ملامت در پی داشته باشد.
این تلخیص به معنای ضعف آثار نام‌آوران سخن سنج نبوده و تنها به دلیل یک دست بودن میخانه‌ی وحدت کار اینگونه شده است. امید است این ساغر لبالب باده نوشان میخانه عشق را مستی فزاید و کمال آورد.
باده‌ی جلوه‌ی جمال یار نوش‌تان باد و بخت یار و یاورتان.

ساقیا در گردش ساغر تعلّل تا به چند؟

دور چون با عاشقان اُفتد تسلسل بایدش

از دوست بزرگوار آقای محمد رضا حامد توسلی که در تنظیم و بازنویسی این اثر صمیمانه همکاری فرموده‌اند بی‌نهایت سپاسگزارم و شاکرم.

نویسندگان

آرزوی گوالیاری

سراج الدین علیخان متخلص به آرزو و معروف به سراج المحققین و پسر شیخ حسام الدین از شعرا و دانشمندان نامدار هندوستان است. صاحب تألیفات زیادی از جمله تذکره مجمع النفائس و کلیات شعر می‌باشد. وی در سال ۱۱۶۹ هجری قمری در دهلی مدفون شد.

بیا ساقی ای من به قربان تو   بیا موج می مدّ احسان تو
چو بلبل توان از هوا گشت مست   گل جام می روید از شاخ دست

***

بیا ساقی ای ارغوان پوش من   بیا ای چمن ساز آغوش من
سر و چشم خُم ساغر می بیار   چراغ مزار جم و کی بیار

آذر بیگدلی

لطفعلی بیگ ابن آقا خان بیگدلی شاملو متخلص به آذر شاعر و ادیب قرن دوازدهم هجری در سال ۱۱۳۴ ه ق در اصفهان متولد شد و در سال ۱۱۹۵ ه ق درگذشت. وی صاحب منظومه‌ای به نام یوسف و زلیخا می‌باشد که به تقلید از یوسف و زلیخای جامی ساخته شده است. همچنین تذکره معروف آتشکده اثر اوست. ساقی نامه‌ی وی ۱۰۸ بیت دارد.

بیا ساقی آن جام خورشید فام — که مانده است بر وی ز جمشید نام
به من ده به پایان پیری، مگر — ز سر گیرم این دوره که آمد به سر

***

بیا ساقی ای در کفت جام جم — چو بالای فرق فریدون علم
به من ده که چون کاوه خیزم جای — سر تاج ضحاک سایم به پای
ز دل، درد دیرینه بیرون کنم — تماشای فرّ فریدون کنم

***

بیا ساقی آن مایه‌ی کین و مهر — که افروخت از وی منوچهر، چهر
به من ده که از سوگ آیم به سور — کشم کینه ایرج از سلم و تور

***

بیا ساقی آن نوشداروی می — که درخواست رستم ز کاوس کی
به من ده که سهرابیم زخمناک — پدر کرده پهلویم از تیغ چاک
بیا ساقی آن جام چون آفتاب — که سرخست چون تیغ افراسیاب
به من ده که از جان برآرم خروش — چو خون سیاوُوش، آیم به جوش
شناسد هر آنکس که بیهوش نیست — که می کم ز خون سیاوُش نیست
بیا ساقی آن جام کیخسروی — به من ده دهم تا جهان را نوی
بگویم چها دیده رامین او — جهان بین من چون جهان بین او
ترا راز آئینه گفتن هوس — مرا آنچه دیدم بَرو رفته بس

***

بیا ساقی آن ناز پرورده را — که خوش کرده گلنارگون پرده را
به من ده که ترک فلک بی‌گناه — چو بیرون فکندم به چاه سیاه
مگر دختر رز به دلداریم — کند چون منیژه پرستاریم

***

بیا ساقی آن جام سهراسبی مکمّل چو اکلیل گشتاسبی
به من ده که رویین تن از پور زال ندید آنچه دیدم از این پیر زال

***

بیا ساقی آن ساغر ده منی به من ده که دارم سر بهمنی
مگر گام ننهاده در کام مار ز زابل کشم کین اسفندیار

***

بیا ساقی امشب درین گلشنک می روشنم بخش چون روشنک
که از خون دارا بود غازه‌اش سکندر شود مست ز آوازه‌اش
مگر کین دارا ز گردون کشم درفش سکندر به هامون کشم

***

بیا ساقی آن جام آئینه رنگ که دور از سکندر گرفتست زنگ
به من ده که صافی کنم سینه را برون آرم از زنگ، آئینه را

***

بیا ساقی آن می که شاه اردشیر کشیدی و کُشتی به شمشیر، شیر
به من ده که کرمان به دود و به داد ستانم به یک هفته از هفت واد

***

بیا ساقی آن می که بهرام خورد به شیر افگنی از میان تاج برد
به من ده، ز من بشنو این سرگذشت به بهرام در گور و گوران به دشت

***

بیا ساقی آن کاسه‌ی کسروی که بخشد تهی کیسه را خسروی
به من ده که ساغر ز دستم فتاد به طاق دل از غم شکستم فتاد

***

بیا ساقی آن جام لبریز را شکر ریز کن نام پرویز را
به من ده همه مه چه غَرَّه چه سلخ که شیرین کند کام تلخ، آب تلخ

***

بیا ساقی ای شمع آتشکده ز شمع رخ آذر، دل آتش زده
از آن آتش تر که زردشت داشت از آن ساغر زر که در مشت داشت

به من ده که روغن ندارد چراغ		بود خشکم از آتش دل دماغ

***

بیا ساقی آن آفت کبر و ناز		به من ده که آسایم از هر دو باز
چکاند به کام آن گر از وی نمی		رساند به لب این گر از وی دمی
هم اشعب ۱ شود شهره نامش به جود		هم ابلیس آرد بر آدم سجود

***

بیا ساقی آن کشتی نوح را		بیا ساقی آن راحت روح را
به من ده که دردم ندارد پزشک		فتادم به طوفان ز سیل سرشک

***

بیا ساقی آبی که روز نخست		ز گرد عدم خاکِ آدم بشست
به من ده که خیزم به شکر وجود		به پروردگار خود آرم سجود

***

بیا ساقی آن می ز خوان خلیل		کز آن تندرستی پذیرد علیل
به من ده کز آن آب کوثر سرشت		کنم نار نمرود، باغ بهشت

***

بیا ساقی آبی که آتش وش است		به من ده که نه آب و نه آتش است
گر آبست، زان خاک روشن چراست؟		ور آتش، از آن بزم گلشن چراست؟
همانا که آمیخت دُردی کشی		ز خضر آبی و از خلیل آتشی

***

بیا ساقی آن جان نواز جهان		که نوشید خضر از سکندر نهان
به من ده که از دست کشتی شکن		خرابی کنم در خرابات تن

***

بیا ساقی آن می ز جام بلور		که چون آتشش دید موسی ز طور
به من ده که تا خامه بی‌بها		کنم چون عصای کلیم، اژدها

۱- اشعب = طمّاع

***

بیا ساقی آن روح پرور سبو | که مریم شد آبستن از بوی او
چو عیسی به من ده دو جام صبوح | که بر خاک آدم دهم تازه روح

***

بیا ساقی آن یوسف می به من | که دارد ز مینا به تن پیرهن
از آن چون شمیمم رسد بر مشام | شناسم چو یعقوب صبحی ز شام

***

بیا ساقی آن می که چون مائده | به رندان شب عید شد عائده
به من ده که سی روز شد روزه‌ام | به هر در مگردان به دریوزه‌ام

***

بیا ساقی آن بکر چون حور عین | که در خُم سرآورده یک اربعین
به من ده که چهل ساله تنهاییم | فکند از فلک طشت رسوائیم
بیا ساقی آن می که چون سلسبیل | سرشتی ز کافور و از زنجبیل
به من ده که آتش به جانم گرفت | دل از گرم و سرد جهانم گرفت

***

بیا ساقی آن مایه‌ی ایمنی | کز آن دوستی خاست نه دشمنی
به من ده که از کین گرایم به مهر | به جامی کنم آشتی با سپهر

***

بیا ساقی ای چشمت از می خراب | دریغت چرا آید از تشنه آب
مگر نیست در گوشه‌ای می فروش | که جامی بنوشان و جامی بنوش
وگر بینی ای ماه خورشید جام | که در خورد من نیست جام تمام
از آن جام کش نیمه خوردی بده | اگر صاف حیفست، دُردی بده

***

بیا ساقی ای حسنت آشوب شهر | گوارا ز شیرین بتان است زهر
به شیرین گواری می تلخ خور | مخور غم که تلخست، والحق مُرّ

***

بیا ساقی آن جام گلنار رنگ | کش از بو چو بلبل خروشید چنگ
به من ده که بوی گُلم آرزوست | خروشیدن بلبلم آرزوست

بیا ساقی آن جام فیروزه گون
چو فیروزه در دست دارد شگون
به من ده که فیروزیم آرزوست
همه روزه این روزیم، آرزوست

***

بیا ساقی آن می که هوش آورد
دل خفتگان را به جوش آورد
به من ده که هشیاریم آرزوست
ازین خواب، بیداریم آرزوست

***

بیا ساقی آن می که در صبحگاه
شود مهر روشن چو از مهر ماه
به من ده که نَه ماه جویم نَه مهر
بخندم به رفتار گردان سپهر

***

بیا ساقی آن می که پیر مُغان
فرستاد اصحاب را ارمغان
به من ده که صبح است و وقت صبوح
خروس سحر گفت الراح روح
بیا ساقی آن مومیایّی می
که جوید شکسته درستی ز وی
به من ده که پیمانه‌ی دل ز دست
فتاد و چو پیمان مستان شکست

***

بیا ساقی ای باغبان بهشت
سر جوی بگشا، که خشکست کشت
بده آبی این کشت پژمرده را
به جوش آور این خون افسرده را

***

بیا ساقی آن می که دی داشتی
وز آن جُستی اسلام و کفر آشتی
به من ده که از کعبه آیم به دیر
دهمشان به هم صلح، والصلح خیر

***

بیا ساقی آن کیمیای مراد
که هر کو خورد نارد از فاقه یاد
به من ده که از دست تنگی رهم
به زور و زر از زرد رنگی رهم

***

بیا ساقی آن داروی نوش بهر
که داروی درد است و تریاق زهر
به من ده که افعی غم جانگزاست
به غم گر نهم نام افعی سزاست

***

بیا ساقی ای نرگست نیم خواب
به لب تشنگان ده ز خون خُم آب
همه شب چو ز اندوه خواب آیدم
همه روز، چون روزیی بایدم

به خشت خُمم به ز زانوت سر | به لب خون خُم به که خون جگر

***

بیا ساقی امشب که بر روی تو | مه نو بینم چو ابروی تو
که بست ار چه ابر بهاری تتق ۱ | همان می نماید هلال از افق
بیا ساقی آن جام، کش می فروش | تهی کرد از لعل گون باده نوش
سحر پیش میگون لب آرش چو کی | که چون غنچه لبریز گردد ز می

۱- تتق = پرده بزرگ

اختر گرجی اصفهانی

احمد بیگ فرزند فرامز بیگ اصلش از گرجستان است ولی اغلب در شیراز و صفاهان نشو و نما یافته است. وی که معاصر فتحعلیشاه بود تذکره ناقصی به نام انجمن آرا را جمع‌آوری کرد که بعد از مرگش با نام انجمن خاقان تکمیل گردید. وی ۲۴۴ بیت ساقی‌نامه دارد.

بیا ساقی آن کاس کیخسروی — بده که آنچه کاری همان بدروی
نکویی کن و دل به نیکی گمار — که نخل رطب زهر نارد به بار

***

بیا ساقی ای گل به بوی تو مست — به یک جرعه دستی که رفتم ز دست
برافشان به من رشحه‌ای زان گلاب — مگر خفته بختم در آید ز خواب
بده می که مستی و دیوانگی — بسی به ز فرهنگ و فرزانگی

***

بیا ساقی آن ساغر زر بیار — لبالب ز یاقوت احمر بیار
که بی می مرا چهره چون زر شده — سرشکم چو یاقوت احمر شده

***

بیا ساقی ناز پرور بیا — بیا رشک خورشید خاور بیا
بده می ز جام بلورین بده — بده بوسی از لعل شیرین بده
که تا دور دیگر درین انجمن — ز دوران نه تو مانده باشی نه من

***

بده ساقی آن غیرت سلسبیل — که شد کوثر و سلسبیلش سبیل
بده باده عشرت از جام گل — که عهد بهارست و ایام گل

***

بیا ساقی آن مایه خرمی — که خرم شود زان دل آدمی
بده کز غم دل به جان آمدم — همه غم به دیر مغان آمدم

***

بیا ساقی آن می که از عکس جام — چو گل بشکفاند لب تلخکام
به من ده که تلخست کامم بسی — ز صهبا تهی مانده جامم بسی

***

بیا ساقی اینک شفق بر دمید | بده ساغری زان شفق گون نبید
که از جام یاقوتی آن لعلِ ناب | درخشد چو اندر شفق آفتاب
بیا ساقی از غم امانم بده | سبک باش و رطل گرانم بده
چو باید همی رفتن از بزم دهر | بیا باری از باده گیریم بهر
بیا ساقی آن می که جود آورد | به دل جود را در وجود آورد
به من ده که ترک گرانی کنم | به جای دَرم جان فشانی کنم

***

بیا ساقی آن دختر رز که دوش | ز مستوریش[1] دم زدی میفروش
به من ده که این قصه دستور نیست | خراباتی و مست و مستور نیست

***

بیا ساقی ای شمع ایوان دل | بده می که خُرم شود جان دل
به من جامی از روی یاری بیار | تعلل دگر چیست، داری بیار

***

بیا ساقی آن بادهٔ دلگشای | که انده زدایست و عشرت فزای
به من ده کز اندوه این خاکدان | رهایی نیابد کسی جز بدان

***

بیا ساقی آن خسروی جام را | فروزنده بزم ایام را
بده کز یکی جرعه شادم کند | چو نوشم می، آن نوشبادم[2] کند
بیا ساقی ای لُعبت[3] خاوری | که جاوید مانی به نیک اختری
بده می که تا ره به جایی زنم | درین موج غم دست و پایی زنم
بده می که اختر ثناگوی تو | کشد باده بر طاق ابروی تو

***

بیا ساقیا ساغر می بده | دمادم پیاپی، پیامی بده
کنون گردش می غنیمت شمار | که بی ما بسی گردد این روزگار

***

بیا ساقی آن جرعهٔ جان نواز | که بر دل شود زان در عیش باز

---

۱. مستوریش = پرده‌نشینی، عفت.
۲. نوشباد = گوارا باشد.
۳. لعبت = محبوب زیباروی، اعجوبه.

به من ده که دوران دل خسته است به رویم در از شش جهت بسته است
بیا ساقی آن گوهر تابناک که از معدن خم بود، کان تاک
به من ده کزین گنبد لاجورد دلم معدن غم شده، کان درد

ادهم آرتیمانی

میرزا ابراهیم ادهم فرزند میر رضی آرتیمانی شاعری بی‌باک، هتاک و لاابالی بود. وی در سال ۱۰۶۰ هجری قمری بدرود حیات گفت. از اوست: مثنوی رفیق السالکین، دیوان اشعار، ساقی‌نامه، یک مثنوی در تتبع مخزن الاسرار. ساقی نامه وی حاوی ۲۳۲ بیت است.

بیا ساقیا می پرستی کنیم   به مکتب درون، مشق مستی کنیم
دواتم کنون جام گلناری است   که جز مشق مستی سیهکاری است

***

بیا ساقیا پر کن از می ایاغ   شب جمعه نبود گریز از چراغ
میی ریز روشن چو چشم ملک   بنوشان به کوریِ چشم فلک

***

بیا ساقی ای کافر آیین بیا   بیا آتش خرمن دین بیا
به چشم آبم از آب انگور ده   زکوت زر خود به مخمور ده
بده ساقی آن شعله پاک را   فروزنده شمع ادراک را

***

بده ساقیا ماه روزه نبید   بعید است گر وعده افتد به عید
بود زهد در موسم سبزه خوار   چو بوبکر در خطه سبزوار
بیا ساقیا می پیاپی بده   به کوریِ چشم فلک می بده
وفا از دل سختِ گردون مجوی   که این ترک بد مست بی‌آبروی
زند مرغ زرین پَرِ آفتاب   به سیخ شعاعی چو مرغ کباب

اسد بیک قزوینی

اسد بیگ فرزند خواجه محمد مراد، اهل قزوین بود. وی که در هندوستان به اسد شیخ ابوالفضلی اشتهار یافت حداقل تا سال ۱۰۲۶ هجری قمری در قید حیات بوده است. وی همچنین دیوانی حاوی حدود بیست هزار بیت شعر داشت. وی دارای ۱۲۵ بیت ساقی‌نامه است.

بیا ساقی آن آتشین آب را — چه آب و چه آتش؟ می ناب را
به من ده، که گردم ز خود بیخبر — درآیم به میخانه بی پا و سر
وز آنجا بصد گونه مست و خراب — دلی پر ز مستی، سری پر شراب
بر مطرب آیم، سرودی کنم — خراباتیان را درودی کنم

***

بیا ساقی می پرستان عشق — لبالب کنِ جامِ مستان عشق
که تا هر که را عشق، یاری کند — به او آن قدح سازگاری کند

***

بیا ساقی آن جام چون روی دوست — که چون عشق محتاج روی نکوست
به من ده برغم بداندیش من — که بینم درو صورت خویشتن
بیا در رخ دوست، مستان شویم — وزین ذوق، خاک میستان شویم

***

بیا ساقیِ اهلِ مشرب، بیا — بیا ای فروزنده شب، بیا
بیار آن قدح را که گر آسمان — ببیند، درآید ز پا، در زمان
بده تا ز ننگ جهان وارهم — ز نامردی آسمان وارهم

***

بیا ساقی آن آتش عقل سوز — که آتش زند هم به شب، هم به روز
به من ده، کزین روز و شب ناخوشم — ز صد فکر بیهوده در آتشم

***

بیا ساقی آن ساغر چون شرار — بده تا زمستی برآرد دمار
روم ترک این جسم فانی کنم — بجای دگر زندگانی کنم
بدل سازم این جامه‌ی چاک را — بگیرم گریبان افلاک را
سری بر سر دار عیسی کشم — قلم بر سر لوح و کرسی کشم

بیا ساقی آن آتشم آرزوست:	که نی مغز، بگذارد از من نه پوست
که دیگر دماغ شرابم نماند	بجز استخوان در کبابم نماند
که از دهر خس پروری بی‌نمک	سیاهست روزم، چو سنگ محک
ز افلاک و انجم دل آزرده‌ام	وزین گردش چرخ افسرده‌ام

***

بیا ساقی آن دشمن عقل و هوش	به من ده که از شکوه گردم خموش
دمی ترک این هرزه نالی¹ کنم	دل از فکر بیهوده خالی کنم
کزین فکر بیهوده‌ام سود نیست	وزین ناکسم هیچ بهبود نیست
همان به که بر رغم این بی‌مدار	چو گل بشکفم در هوای بهار

***

بیا ساقی از ما ملولی مکن	چو پیمانه می فضولی مکن
بده جام، چندان که مستان شویم	بگلشن نرفته گلستان شویم

***

بیا ساقی جمعه آیین من	کمر چُست بر بسته برکین من
درین صبح شنبه بده ساغری	که آیم بخود شنبه دیگری

***

بده ساقی آن آتش افروز را	که در شعله گیریم، نوروز را
در این سال نو، ساغر تازه‌ام	بده، که آرزو سوز خمیاره‌ام

***

بیا ساقی آن جام گوهر نگار	لبالب کن از باده خوشگوار
به من ده بیاد شه کامران	جهانگیر عادل، پناه جهان

***

بیا ساقی و جلوه را ساز کن	درین گردش سال، بشنو سُخُن
بده زان شراب شب تیره سوز	چراغی درین تیره شب برفروز

---

۱. هرزه نالی = بیهوده‌گویی.

اشرف مازندرانی

ملا محمد سعید اشرف پسر مولی مازندرانی در اصفهان نشو و نما یافت. وی از هنرهای شعر و خطاطی و نقاشی بهره کامل داشت. او عاقبت در راه بیت الله و در شهر مونگیر از توابع پَتَنه درگذشت و در همانجا دفن شد. سال فوتش ۱۱۱۶ هجری قمری می‌باشد. نسخه اصلی دیوان وی به خط خود شاعر موجود است. وی چهارصد و دوازده بیت ساقی‌نامه دارد.

بیا ساقی آن مجلس افروز عیش — صفای گلستان نوروز عیش
بده تا فروزان کنم رنگ را — چو گل بشکفانم دل تنگ را

***

بیا ساقی آن جام گلریز[1] ده — چو پیمانه‌ی مهر، لبریز ده
که تا آتش شوق را بر کُنم — ز مهرت جهان را منور کُنم

***

بیا ساقیا آن تجلی نور — بده تا کنم چشم را عین نور
ازو پنجه را دست موسی کنم — وزو سینه را طور سینا کنم

***

بیا ساقی آن ماه برج قدح — خط ساغرش رشک قوس قزح
بده تا کنم دست را نوریاب — زنم پنجه در پنجه آفتاب

***

بیا ساقی آن ساغر می پرست — به یک حلقه با گردش چشم مست
بده تا برین چرخ اخضر زنم — وزین خانه چون حلقه بر در زنم
بیا ساقی آن آب گلفام را — جگر خون کنِ شیشه و جام را
بده کز خیالش دلم خون شده است — سرشکم چو لعل تو میگون شده است

***

بیا ساقی آن شمع بزم سرور — کزو رگ شود در بدن نخل طور
بده تا مگر در دلم کوه غم — ز تاب تجلیش پاشد ز هم

***

۱ . گلریز = گل افشان.

بیا ساقی آن جام اندیشه را / که باشد سویدا[1] دل شیشه را
بده تا کنم می به مینای دل / وزو تازه سازم سویدای دل
بیا ساقیا آن شراب طهور / کزو زاهد خشک، باشد نفور
بده تا کنم روغنی در چراغ / شوم چون صراحی از او تردماغ[2]

***

بیا ساقی آن مرهم داغ دل / که شد شبنم لاله باغ دل
بده تا فروزم ز خاطر شرار / نهم داغ بر سینه لاله زار

***

بیا ساقی آن دستیار طرب / بهم برزنِ پرده روز و شب
بده تا که آیم ز فیض خُمار / برون از عقابین لیل و نهار

***

بده ساقی ای طوطی خال و خط / از آن خون مرغ صراحی و بط
که تا خون کنم در دل روزگار / زنم باز بر چرخ مردم شکار
بیا ساقی آن ساغر خون فشان / جگردار چون طبع دریا کشان
بده تا دلاور شوم در مصاف / چو شمشیر آیم برون از غلاف
بیا ساقی ای درد و درمان من / غم و عیش من، کفر و ایمان من
نگاهی که من دردناک توام / ز تیغ تغافل هلاک توام

***

بیا ساقی ای آفت دین و کیش / ستمکار و دلدار، چون چشم خویش
از آن مایه زندگانی بیار / تغافل مزن، مُردم از انتظار
بیا ساقی ای رنگ رخسار حسن / بهار تماشای گلزار حسن
ز چاه سبو آب گلفام ده / ز شاخ صراحی گل جام ده
میی ریز در ساغرم کز حجاب / بروید ز موجش گل آفتاب

***

بیا ساقی ای مقصد گفتگو / سخن را ز وصف رخت آبرو
به ساغر کن آن خون ناموس را / به پرواز ده رنگ طاوس را

---

۱. سویدا = نقطه سیاه دل.
۲ تردماغ = سرخوش و نیم مست

※※※

بیا ساقی ای شیر مست سخن اسیر نگاهت غزال خُتن
از آن وحشی آهوی مردم شکار که دارد به چینی پیاله قرار
بده تا ز بویش شوم عطریاب فشانم ز ناف قلم مشک ناب
نفس را کنم طره حورعین دماغم شود ناف آهوی چین

اقدسی مشهدی

محمّد اقدسی مشهور به مشهدی، در سبزوار متولد شد. وی استاد قصیده و غزل بوده و هجویات فراوانی نیز دارد. اقدسی در سال ۱۰۰۲ در سن ۲۶ سالگی در قزوین به مرض دق درگذشت. وی دارای ۹۰ بیت ساقی‌نامه است.

بیا ساقی از بهر دفع خمار — قدحهای گلگون بگردش درآر
ز راز دل خُم برافکن نقاب — چه در گل نهان کرده این آفتاب

***

بیا ساقی آن آب آتش فروز — که سازد شبم را به یک شعله روز
چو سوزد در آن شعله پا تا سرم — نگردد نمک گرد جان نشترم
درین باغ پرحسرت دلپذیر — شکسته دلم همچو مرغ اسیر
چو بهر ترنّم برآرم نفس — جهد خون گرم از شکاف قفس

***

بیا ساقی آن آب گلفام را — چراغ دل شیشه و جام را
بده تا ز تن خرقه دور افکنم — چو خورشید، بر خلق نور افکنم
سرشت گِل آدم از باده بود — که کردند پیشش ملایک سجود
اگر این بود نشأهٔ لای[1] خُم — بسی سر شود سوده در پای خُم

***

بیا ساقی آن جام گیتی نما — که آیینه‌ام یابد از وی جلا
بده تا نمایم در آفاق، سیر — شوم آگه از راز این کهنه دیر

---

۱ . لای = گل نرم که در آب گل‌آلوده تن نشین شود یا به دیوار و اطراف بندد.

الهام اصفهانی

میر مرتضی پسر میر اسدالله و مشهور به سادات امامی است. وی اصفهانی الاصل بوده و در نیمه دوّم قرن یازدهم هجری میزیسته است. او که الهام تخلص می‌کرد گویا صاحب دیوانی سه هزار بیتی بوده است. وی ۱۰۹ بیت ساقی نامه دارد.

بده ساقیا باده‌ی خوشگوار — که در دور شاه فلک اقتدار
به عیش طرب زندگانی کنم — به رغم فلک کامرانی کنم

***

بیا ساقیِ می پرستان بیا — بیا ای لبالب ز عرفان، بیا
خُمارم، بده می که مستی کنم — به مستی مگر حق پرستی کنم

امری

ابوالقاسم امری در قهپایه صفاهان به دنیا آمد و در سال ۹۷۳ هجری قمری به اتهام مذهب تناسخ و به دستور شاه طهماسب صفوی نابینا گشت. کتاب منظومی به نام ذکر و فکر دارد. امری عاقبت در سال ۹۹۹ به اتهام الحاد به دست مردم به قتل رسید. وی ۱۰۵ بیت ساقی نامه دارد.

بیا ساقی آن باده‌ی جان فروز — که سازد شب تارِ دل را چو روز
به من ده که چون موسی از کوه طور — عیانم شود سِر الله نور
به من ده از آن جام گیتی نمای — کز آیینه دل بود غمزدای

***

بیا ساقی آن آب بی شر و شور — که در شیشه نار است[۱] و در سینه نور
به من ده که درمان جان منست — به من ده که روح و روان منست
به من ده که تا کامرانی کنم — رخ زرد را زعفرانی کنم
به من ده از آن باده‌ی غمزدا — که من کاهم و اوست چون کهربا
به من ده از آن آب عین طهور — که آن آب ما را به از نار طور

۱ . نار = آتش.

امیر خسرو دهلوی

خسرو دهلوی مشهور به امیر خسرو شاعر و موسیقیدان بنام هندوستان، متولد ۶۵۱ هجری قمری در پیتالی هند و متوفی به سال ۷۰۵ هجری قمری و یا به قولی ۷۲۵ هجری قمری در دهلی می‌باشد. از آثار او می‌توان به دیوان اشعار شامل پنج قسمت (شامل ۱- تحفه الصغر ۲- وسط الحیاة ۳- غزة الکمال ۴- بقیة نقیه ۵- نهایة الکمال) که به مرور زمان گفته شد، خمسه (شامل ۱- مطلع الانوار ۲- خسرو شیرین ۳- مجنون و لیلی ۴- آیینه‌ی اسکندری ۵- هشت بهشت)، قران السعدین، نه سپهر، مفتاح الفتوح، خضرخان و دولرانی یا عشقیه و تعلق نامه اشاره کرد. ساقی نامه امیر خسرو دارای ۹۷ بیت است.

بیا ساقی آن جام شادی فزای　　که بنیاد غم را درآرد ز پای
به من ده که راحت به جانم دهد　　ز خونابه دهر امانم دهد

***

بیا ساقی آن چشمه زندگی　　که یابد از او عمر پایندگی
مرا ده که من خضر پنهانیم　　ثناگوی اسکندر ثانیم

***

بیا ساقی اندر قدح پی به پی　　به عاشق نوازی فرو ریز می
میی کو بعشق آشنایی دهد　　ز تشویش خویشم رهایی دهد

***

بیا ساقیا در ده آن خوب جام　　که شد قرةُ العین مستانش نام
چنان گوش من پر کن از بانگ نوش　　که بیرون رود پند ناصح ز گوش

***

بیا ساقی آن باده تلخ فام　　که شیرینی عیش ریزد بکام
بده تا به شرینی آرم به کار　　که تلخی بسی دیدم از روزگار

***

بیا ساقی آن شربت خوشگوار　　کز او بزم گردد چو خرم بهار
بده تا چو در تن درآرد توان　　گل زرد من زو شود ارغوان

***

بیا ساقی آن گنجدان نشاط	که اندیشه را درنوردد بساط
بده تا بساط سخن نو کنم	وزو مجلس آرای خسرو کنم

***

بیا ساقی آن باده‌ی دلنواز	دل آهنین من آیینه ساز
میی صاف که آید چو ما را به تن	توان دید جان آشکارا به تن

***

بیا ساقی آن ارغوانی شراب	که محراب زرتشتیان شد خراب
بده تا به مستی کنم خواب خوش	کُشم آتش غم بدان آب خوش

***

بیا ساقی آن ساغر دلگشای	که صورت نمای است و معنی فزای
بده تا دل از وی مصفا کنیم	دو دریای معنی به یکجا کنیم

***

بیا ساقی آن سلسبیل[1] حیات	که شوید همه تیرگیها ز ذات
بده تا چو منزل به خاکم کند	ز آلایش خاک، پاکم کند
بیا ساقی آن کیمیای وجود	که بی‌همتان را درآرد به جود
به من ده که تا شادمانی کنم	ز گنج سخن دُرفشانی کنم
بیا ساقی آن جام دریا درون	کزو گوهر مردم آید برون
بده تا نشاط درون آردم	برد سنگ و گوهر برون آردم
بیا ساقی آن باده‌ی بی‌خمار	فرو شوی زین جان خاکی غبار
که چون گم شود جان غمناک ما	نریزد کسی جرعه بر خاک ما

***

بیا ساقی آن می که کام من است	به من ده که درخورد جام من است
مرا با حریفان من نوش باد	حریفان بد را فراموش باد

---

۱. سلسبیل = روان.

امیدی رازی

خواجه ارجاسب بن خواجه شیخعلی طهرانی رازی متخلص به امیدی از شعرا و پزشکان نامدار عصر شاه اسماعیل صفوی و متوفی به سال ۹۲۵ هجری قمری می‌باشد. او از شاگردان جلال‌الدین محمد دوانی و شاعری قصیده‌سرا و در سخن مقبول معاصران بود. ساقی‌نامه وی شامل شصت بیت می‌باشد.

بیا ساقی آن رشحه‌ی سلسبیل	که نور کلیم است و نار خلیل
بده تا فروغش علم برزند	به هستی من آتش اندر زند

***

بیا ساقی آن تلخ شیرین گوار	که شیرین کند تلخی روزگار
به من ده که تلخ است ایام من	ز ایام من، تلخ تر کام من
نشاید کشیدن در این تنگنای	به اندازه آرزو دست و پای

***

بیا ساقی آن جام گیتی نما	که از جم رسیده است دورش به ما
به من ده که دوران گیتی مدام	ز دستی به دستی رود همچو جام

***

بیا ساقی آن مومیایی خاص	که یک قطره دارد از او صد خواص
به من ده که از بام گردون دون	فتادم در این خاکدان سرنگون

***

بیا ساقی آن آفت عقل و هوش	بیا ساقی آن لعبت لعل پوش
به من ده که بیهوشیم آرزوست	به بِکران هم آغوشیم آرزوست
بیا ساقی آن آتش توبه سوز	چراغ گناه مرا برفروز
که این آتش آنجا که روشن شود	خرابات وادی ایمن شود

***

بیا ساقی آخر بیاسا دمی	دمی بی‌غمی بهتر از عالمی
بیا تا قدحهای پر می کشیم	لبالب کنیم و پیاپی کشیم

***

بیا ساقی آن بکر یکساله را	گرانمایه یاقوت سیاله[1] را
بده گرچه در کیش هشیار و مست	نشاید کشیدن به یکساله دست
بیا ساقی آن رطل پیمان شکن	که با وی درست است پیمان من
به من ده که از توبه ناقبول	ملولم ملولم ملولم ملول

***

بده ساقی آن چشمه لعل ناب	که سیمین زمین است و زرین حباب
روان کن که بر جویبار روان	بروید گل و بشکفد ارغوان

***

بیا ساقی آن آفتاب منیر	که در سایه پرورد دهقان پیر
برآور زبرج خُم لعل فام	که عمر آفتابی است بر طرف بام

***

بیا ساقی امشب که رندان مست	شکستند در میکده هر چه هست
لبالب کن آن لب شکسته سفال	که خورشید را جا دهی در هلال

***

بیا ساقی آن جام گیتی فروز	چراغ شب و روشنایی روز
به من ده که شد روزگارم سیاه	خلاصم کن از گردش مهر و ماه

***

بیا ساقی آن راح راحت فزا	که کیفش نباشد کم از کیمیا
به من ده که چون نشأه[2] انگیخت می	کم از کیمیا کی بود کیف وی

***

بیا ساقی آن گوهر ناب را	گرانمایه یاقوت سیراب را
به من ده که چون گیرمش در دهن	شود کهربایم عقیق یمن

***

بیا ساقی آن آب یاقوت فام	ملامت گر اهل ناموس و نام
به من ده به گلبانگ رود و سرود	که نتوان از این بیش شرب الیهود[3]

***

---

۱ . سیاله = جاری.

۲ . نشأه = سرخوشی (حالت سکری ناشی از استعمال مواد مخدره یا مشروبات الکلی)

۳ . شرب الیهود = هرج و مرج.

بیا ساقی آن طرفه دُرج[۱] بلور — که یابد از او سرّ دلها ظهور
بنه بر کفم، فال فیروز گیر — که روشن شود بر تو مافی الضمیر[۲]
بیا ساقی آن جام لبریز را — که رسوا کند اهل پرهیز را
به من ده که تا کاسه بازی کنم — کهن دلق[۳] خود را نمازی کنم[۴]

***

بیا ساقی آن کیمیای بقا — که قارون شود زو به یکدم گدا
به چون من گدایی ده آنگه ببین — درم ریزی دست بی‌آستین

***

بیا ساقیا آن سهیل یمن — که گردد از آن سرخ رو انجمن
بیا ساقی آن نوشدارو که دوش — تو نوشیدی و شد زمن عقل و هوش
بیا ساقی آن تلخ بسیار شور — به آشوب نزدیک و ز آرام دور
بیاور که یکسر فتد اتفاق — طلوع سهیل یمن در عراق
سهیلی که آفاق خرم از اوست — نشاط دل اهل عالم از اوست

---

۱. دُرج = جعبه‌ای کوچک که در آن جواهر و زینت آلات و انواع عطر نهند.
۲. مافی الضمیر = آنچه در نهان است.
۳. دلق = نوعی پشمینه که درویشان پوشند.
۴. نمازی کردن = تطهیر.

اوجی کشمیری

اوجی کشمیری فرزند نامی کشمیری در کشمیر بدنیا آمد. حداقل ۵۵ سال در قید حیات بود و در سال ۱۰۳۲ وفات یافت. گویند دیوانی نیز جمع‌آوری کرده بود. وی ۸۵ بیت ساقی‌نامه دارد.

بیا ساقی آن باده صاف را — همان نور خورشید انصاف را
بده تا بدانم که از آسمان — چرا نیست اهل هنر در امان

***

بیا ساقی آن راوُق[۱] تاک را — ضیابخش خورشید ادراک را
بده تا بدانم که این نوش لب — چرا می‌گریزد ز من بی‌سبب

***

بیا ساقی آن شوخ آتش عذار — همان ترک سرمست ساغر سوار
بده، تا بتازم به فوج اَلم — شوم ایمن از ترکتازی غم

***

بیا ساقی آن خصم خمیازه را — کُهن دشمن اندوه تازه را
بده، تا به دردم دوایی کند — شکست مرا مومیایی کند

۱- راوق = پالونه شراب یعنی جامه و غیره که بآن شراب صاف کنند

بیخود لاهوری

ملاجان لاهوری نامدار خان متخلص به بیخود شاعری بود غرّا که قصاید و قطعات بسیار دلچسب داشت. ساقی نامه‌ای از او مانده است. گویند در سال ۱۰۸۴ هجری قمری بدرود حیات گفته است. ساقی نامه او شامل ۹۵ بیت است.

بده ساقی آن جام ماه تمام	که چون آفتاب است آتش قوام
از آن می که در بزم جام بلور	زند طعنه بر مشرق صبح نور
به من ده که گشتم خراب خُمار	دل اندر برم شد کف رعشه دار

***

بده ساقی آن باده شعله تاب	که گردد قدح زان گل آفتاب
از آن می که گر نوشدش مور لنگ	سلیمان شود در زمان بیدرنگ

پرتوی شیرازی

مولانا حکیم پرتوی شیرازی از شعرا و به قولی منجمین اوائل سده دهم است. گویند مولد او لاهیجان بوده و در جوانی به شیراز رفت اما این سخن تنها از قول صاحب میخانه است و دیگران همگی او را شیرازی دانسته‌اند. وفات او را سال ۹۲۸ هجری قمری در شیراز ذکر کرده‌اند. حکیم پرتوی صاحب بهترین ساقی نامه‌ها است. از او غزلهای زیبایی نیز به یادگار مانده است. این ابیات از بین ۲۸۱ بیت از ساقی نامه پرتوی انتخاب شده‌اند.

بیا ساقی از من مرا وارهان — که در بیخودی گردم از آگهان
بدستم ده آن آب آتش مزاج — که این است افسردگان را علاج
ز تحریک این صیقل غمزدا — مگر گردد آیینه‌ام رونما
به آبی بشویم سیه نامه را — دگرگون کنم گردش خامه را

***

بده ساقی آن باده بتشکن — فرو ریز در جامم آن دُردِ دَن[۱]
که بر کوه اگر ز آن می بی خمار — بریزی، بریزد ز هم چون غبار

***

بده ساقی آن آتش سینه سوز — که سازد شب تیره روشن چو روز
بیارای بزمی چو باغ ارم — عیان کن در آن بزم، بحر کرم
که مخمور و لب تشنه و مفلسیم — سیه بخت و بی یار و بی‌مونسیم

***

بیا ساقی از روی علم و عمل — به تیزاب[۲] می مشکلم ساز حل
به اکسیر می گر مسم زر شود — دل مفلس من توانگر شود
بده ساقی آن آب تلخ طهور[۳] — کزو ظلمت ما شود جمله نور
به من ده ز دنیا و دین هر چه هست — که یک جرعه از دین و دنیا به است

***

بده ساقی آن باده‌ی لاله گون — که آرد بجوش از دل سنگ خون

---

۱ . دَن = خُم قیراندود که بزرگتر از سبو باشد.

۲ . تیزاب = حلالی است بسیار قوی (اسید نیتریک).

۳ . طهور = پاک کننده.

چو گل یکدم از کف منه جام مل [1] | که فصل بهار آمد و وقت گل
بده ساقی آن لعل رخشان پاک | که دارد نسب از بدخشان تاک
گر از دستبرد اجل واقفی | منه جام از دست اگر عارفی

***

بده ساقی آن آب نیروی بخش | که تازم به میدان افلاک رخش
از این خاکدان دامن افشان شوم | به نُه چرخ، دست و گریبان شوم

***

بیا ساقی آن باده بی‌گزند | که زاهد فریب است و دانا پسند
بده می که این آتش شرک سوز | شب تیره بختان کند همچو روز

***

بیا ساقی و دل به دریا فکن | به دریای می‌کشتی ما فکن
به می وارهان جانم از قید تن | که در تنگم از صحبت اهرمن
بده می که سرخوش درآیم به عرش | کنم عرش را در ته پای فرش
وز آنجا سراپرده بالا زنم | قدم بر سر لا والاّ [2] زنم
رساند مگر باده‌ی لاله رنگ | بسر حدّ بی رنگیم بی درنگ

***

بده ساقی آن جوهر بی‌عرض [3] | که از دل غرض شوید، از تن مرض
شرابی که در جوهرش نیست لون | کند قطره‌یی حل [4] و عقد [5] دوکون

***

بده ساقی آن تلخ شیرین گوار | که دارد به او جان شیرین قرار
می لاله گون دل ربود از برم | به دریای آتش فتاد اخگرم

***

۱ . مل = شراب انگوری.
۲ . لا والاّ = بود و نبود.
۳ . عرض = آنچه قایم بجوهر باشد و خود وجودی مستقل ندارد، مثل سیاهی چشم
۴ . حل = باز کردن.
۵ . عقد = بستن.

بده ساقی آن جام عنبر سرشت | که دارد شرف بر رحیق[1] بهشت
بده می که از خود شدم گوشه‌گیر | هیولای من نیست صورت‌پذیر
کزو گلخن[2] خویش گلشن کنم | چراغ دل مرده روشن کنم
بیا ساقی آزادیم ده ز غم | بریز این طلسمات خاکی ز هم
بشو گرد غم را به آب طرب | که در این طلسم است گنجی عجب

***

بیا ساقی از می امان ده مرا | وز آن لعل رخشان نشان ده مرا

بر آن گمشده گوهر شبچراغ | چسان پی برم؟ وز که جویم سراغ؟
بده ساقی آن لعل رمّانیم[3] | درخشنده کن ز آن بدخشانیم
منم در ره دین غباری تباه | غبارم بدین آب بنشان ز راه
وگر نیستم در خور این نثار | بزن آتش و دود از من برآر

***

بیا ساقی از موج خیز قدم | ببخشش درآور محیط کرم
که بی‌باده در خواب تابم نماند | ازین بیش کشتی بخشکی که راند؟
بده می که در حشر، کوه گناه | به میزان عشق است، کمتر زکاه
ز دوزخ چرا کس هراسان شود | که دوزخ به مستان گلستان شود
من ار آه گرمی ز دل برکشم | گریزان شود دوزخ از آتشم
بده ساقی آن خوشگوار بسیط[4] | که دارم ز مرکز هوای محیط
چنان ساز، لایعقل و بیخودم | که یابم وجود دو عالم عدم
ز برقی دگر آتشم برفروز | شعور وجود دو عالم بسوز

***

بده ساقی آن آتش شرک سوز | به مژگان دَرِ غیر کن میخ دوز
حریفان که سرّ مگو گفته‌اند | به الماس می این گهر سفته‌اند
چسان پرده پوشم به عیب ای پسر | که مژگان ساقی بود پرده در

---

۱ . رحیق = ناب، (رحیق بهشت = کنایه از نوشیدنی ناب بهشتی)
۲ . گلخن = مزبله.
۳ . لعل رُمانی = نوعی لعل به رنگ انار دانه.
۴ . بسیط = ناب، هر چیز که جزو آن مشابه کل آن باشد مثل آب، باد، خاک و آتش.

***

بده ساقی آن طرفه پیمانه‌ام
ببر مست از این کهنه ویرانه‌ام
که دلگیرم از این مکدّر سرا
به طرح مجدد کن این را بنا

***

بده ساقی آن لعل محلول را
دوا کن به می جان معلول را
می آن کار بر جان مستان کند
که آب روان با گلستان کند
کشد باده برقع[1] ز سیمای دوست
می آرد برون مغزها را ز پوست
دلم را ز عشق آتشی در دل است
که عشق استخوان سوز درد دل است
دلم میبرد لطف ساقی ز دست
که دیدست معشوق عاشق پرست
بده ساقی آن دل‌گَزِ جان خراش
که سازم نهانِ نهان فاشِ فاش
سخن چند در پرده گفتن توان
کجا مهر تابان نهفتن توان
اگر منع من میکنی زین سخن
به خال لب خود لبم مهر کن
وگر رفت بد مستیی در کلام
به دندان بکش از لبم انتقام
وگر حرف مستانه بالا گرفت
به گفتار مستان نباشد شگفت

***

بیا ساقی آخر سخن شد بلند
فرو ماند از او وهم کوته کمند
بده می که از حرف هر بی‌ادب
به بیهوشی از می ببستند لب

***

بیا ساقی این گفتگو تا بچند
به جامی من مست را لب ببند
چو از دست خواهد شدن هر چه هست
تو باری مده جام می را ز دست

---

۱ . برقع = نقاب.

تقی پیرزاد مشهدی

محمد تقی پیرزاد اصلاً از مازندران است. وی در مشهد متولد شد. شاعری بود، خوش طینت، نیکو قریحه، هَزّله مزّاح، خبره و فیهم و رند که در سال ۱۰۲۴ هجری قمری فوت کرد. وی دارای ۱۴۹ بیت ساقی نامه است.

بده ساقی آن باده‌ی کامیاب — که آتش فروزد ز دریای آب
که بر طاق ابروی جانان کشم — به جان منت از خان خانان کشم

***

بده ساقی آن جام آب حیات — که بر بخت بیدار یابم برات[1]
که هنگام رشد گل و گلشن است — چراغ چمن را هوا روشن است

***

بده ساقی آن می که چون شد بهار — گل و مُل شود یکنفس خوار و زار
مُل از نشأه و گل ز بوی اوفتد — دگر باره آبش ز جوی اوفتد

***

بیا ساقی آن صیقل فهم و هوش — به من ده ز لعل لب می فروش
از آن می که گر شب بگیرد به کف — برد پرتوش از رخ مه کلف[2]
می آتشین ریز در ساغرم — به خورشید تابان رسان افسرم
به یک جرعه ای شاد گردان مرا — ز قید غم آزاد گردان مرا

***

بیا ساقی آن آب آتش مزاج — بده تا زخاقان ستانم خراج
نه تاج و نه تخت و نه انگشترین — یکی بوسه زان دلبر نازنین
که تا قُوت جان بلاکش شود — سرم گرم زان آب و آتش شود

***

بده ساقی آن می که شور آور — تجلی به اطراف طور آورد
بنوشد اگر جرعه‌ای زان ملک — بغلطد به خاک از فراز فلک

***

---

۱ . برات = رسید

۲ . کلف = هر لکّه که در آفتاب و ماه دیده می‌شود.

بده ساقی آن آتش پر شرار	که آب حیات است زو شرمسار
به من ده که بسیار درمانده‌ام	خجلتر ز مهمان ناخوانده‌ام
بیا ساقی و می به اندازه ده	غم کهنه دارم می تازه ده
بده یک دو جامم که افروختم	ز غم سوختم، سوختم، سوختم

٭٭٭

بده ساقی آن ساغر سلسبیل	که ته جرعه‌ی او بود رود نیل
به من ده که کارم بسی خام شد	ز بخت حرون[1] کارم ناکام شد

٭٭٭

بده ساقی آن می که جامش دل است	خرد از تمناش لایعقل است
به من ده که عقلم نیاید به کار	چو شمشیر چوبین گه کارزار

٭٭٭

بده ساقی آن می که نور حضور	دهد در دل و دیده شخص کور
میی سر بسر خرمی چون بهار	به بوی گل و رنگ رخسار یار

٭٭٭

بده ساقی آن می که بیخود شوم	در آفاق قانع به لابد شوم
میی ده که فیض الهی دهد	تجلی به مه تا به ماهی دهد
بده ساقی آن می که عکسش در آب	کند خاک در کاسه آفتاب
میی ده که گردد چو گیتی فروز	شب تیره بختان شود همچو روز

٭٭٭

بده ساقی آن باده خوشگوار	کزو آب حیوان بود شرمسار
شرابی که طعنه به کوثر زند	ز هجرش خرد دست بر سر زند

٭٭٭

بده ساقی آن می که در کوه طور	دهد دیده را نور فیض حضور
بیا تا زمانی ببندیم لب	ز همت بداریم دست از طلب

٭٭٭

بده ساقی آن آب آیینه رنگ	که از دل زداید تمناش زنگ
بده ساقی آن باده دلفروز	که گردد دل شب از او نیمروز

---

۱. حرون = سرکش.

***

بیا ساقی از من شنو این غزل
که مستان ندارند فکر امل[1]

مرا جام و ساغر کجا در خور است
که از می درون و برونم پر است

۱ . امل = آرزو.

حافظ

خواجه شمس‌الدین محمد، معروف به حافظ شیرازی و متخلص به حافظ، در سال‌های اول قرن هشتم هجری قمری در شیراز متولد شد و در سال ۷۹۲ هجری قمری در همان شهر بدرود حیات گفت. او که قرآن را با چهارده روایت از برداشت استاد بی‌نظیر و عالیقدر غزلیات عارفانه می‌باشد. دیوان او شامل غزلیات، چند قصیده و مثنوی، قطعات و رباعیات است. این ابیات از ساقی نامه ۱۴۹ بیتی حافظ انتخاب گردیده‌اند.

بیا ساقی از من برو پیش شاه   بگو این سخن که ای شه جم پناه[۱]
دل بینوایان مسکین بجوی   پس آنگاه جام جهان بین بجوی

***

بیا ساقی آن جام کیخسروی   به من ده که از غم ضعیفم قوی
غم این جهان را کزو نیست نفع   به می می‌توان کرد از خویش دفع

***

بیا ساقی اکنون که شد چون بهشت   زروی تو این بزم عنبر سرشت
خذ الجام لاتخش فیه الجناح[۲]   که در باغ جنّت بود می مباح

***

بیا ساقی از می ندارم گزیر   بیک جام باقی مرا دست گیر
که از دور گردون به جان آمدم   روان سوی دیر مغان آمدم

***

بده ساقی آن می کزو جام جم   زند لاف بینایی اندر عدم
به من ده که گردم بتأیید جام   چو جم آگه از سرّ عالم مدام

***

بیا ساقی آن باده ذوق بخش   بده تا نشینیم بر پشت رخش
تهمتن صفت رو به میدان کنیم   به کام دل آهنگ جولان کنیم

***

بیا ساقی آن جام یاقوت وش   که بر دل گشاید در وقت خوش

---

۱. جم پناه = پناه دهنده به جمشید
۲. مصراع = جام بگیر...

منتخباتی از ساقی نامه های تاریخ ادبیات

بده وین نصیحت زمن گوش کن | جهان جمله نیش است، می نوش کن
بیا ساقی از بیوفائی عمر | بترس و ز می کن گدائی عمر
که می عمر باقی بیفزایدت | دری هر دم از غیب بگشایدت

***

بیا ساقی از می بنه مجلسی | که دنیا ندارد وفا با کسی
حباب میت آرد این نکته یاد | که چون، باد برد افسر کیقباد

***

بیا ساقی از می طلب کام دل | که بی می ندیدم من آرام دل
گر از هجر جان، تن صبوری کند | دل از می تواند که دوری کند

***

بیا ساقی آن جام پر کن زمی | که گویم ترا حال کسری و کی
به مستی توان دُر اسرار سفت | که در بیخودی راز نتوان نهفت

***

بیا ساقی ایمن چه باشی که دهر | برآن است کت خون بریزد به قهر
درین خونفشان عرصه رستخیز | تو خون صراحی [۱] و ساغر بریز

***

بیا ساقی اما مکن سرکشی | که از خاکی آخر نه از آتشی
قدح پر کن از می که می خوش بود | خصوصاً که صافی و بیغش بود

***

بیا ساقی آن راح [۲] ریحان نسیم | به من ده که نه زر بماند نه سیم
زری را که بیشک تلف [۳] در پی است | به من ده که درمان دلها می است

***

بیا ساقی آن باده لعل صاف | بده تا کی از شید [۴] و تزویر و لاف
ز تسبیح و خرقه ملولم تمام | بمی رهن کن هر دو را والسلام

---

۱ . صراحی = قسمی ظرف شیشه‌یی یا بلورین با شکمی متوسط و گلوگاهی تنگ و دراز که در آن شراب یا مسکری دیگر کنند و در مجلسی آرند و از آن در پیاله و جام و قدح ریزند.

۲ . راح = شراب.

۳ . تلف = نابودی.

۴ . شید = مکر.

***

بیا ساقی از کنج دیر مغان / مشو دور، که اینجا است گنج روان
ورت کس بگوید مرو سوی دیر / جوابش چه گویی؟ بگو شب بخیر
بیا ساقی آن جام صافی صفت / که بر جان گشاید در معرفت
بده تا صفا در درون آردم / دمی از کدورت برون آردم

***

بیا ساقی از باده‌های کهن / به جام پیاپی مرا مست کن
چو مستم کنی از می بی غشت / به مستی بگویم سرود خوشت
بیا ساقی آن می که حال آورد / کرامت فزاید، کمال آورد
به من ده که بس بی دل افتاده‌ام / وزین هر دو بی حاصل افتاده‌ام

***

بیا ساقی آن آب آتش خواص / به من ده مگر یابم از غم خلاص
فریدون صفت، کاویانی علم / برافرازم از پشتی¹ جام جم

***

بیا ساقی آن ارغوانی قدح / که دل زو طرب یابد و جان فرح
به من ده که از غم خلاصم دهد / نشان ره بزم خاصم دهد

***

بیا ساقی آن کیمیایی فتوح² / که با گنج قارون دهد عمر نوح
بده تا برویت گشایند باز / در کامرانی و عمر دراز

***

بیا ساقی آن جام چون سلسبیل / که دل را به فردوس باشد دلیل
به من ده که طنبور خوش گفت و نی / که یک جرعه می به ز دیهیم کی

***

بیا ساقی آن آب اندیشه سوز / که گر شیر نوشد شود بیشه سوز
بده تا روم بر فلک شیر گیر / به هم برزنم دام این گرگ پیر

---

۱. پشتی = یاری.
۲. فتوح = گشایشها، در تصوف به گشایش که در حال و باطن سالک ایجاد شود گویند و نیز به مالی که به رایگان به عنوان نذر و... به درویش یا پیر دهند.

بیا ساقی آن می که حور بهشت — عبیر ملایک در آن می سرشت
بده تا بخوری در آتش کنم — مشام خرد تا ابد خوش کنم
بده ساقی آن می که شاهی دهد — به پاکی او دل گواهی دهد
به من ده که سلطان دل بوده‌ام — کنون دورم از وی که آلوده‌ام

***

بیا ساقی آن جام یاقوت رنگ — کز آیینه‌ی دل برد نقش زنگ
میم ده مگر گردم از عیب پاک — برآرم بعشرت سری زین مغاک[1]

***

بیا ساقی آن آب آتش نهاد — که خاک خرد زو برآید به باد
به من ده که تا چهره صافی کنم — زمان گذشته تلافی کنم

***

بیا ساقی آن بکر مستور مست — که اندر خرابات دارد نشست
به من ده که بدنام خواهم شدن — خراب می و جام خواهم شدن

***

بیا ساقی آن می که تیزی کند — بباغ دلم مشکبیزی[2] کند
بده تا بنوشم بیاد کسی — که از وی بود در دلم خون بسی

***

بیا ساقی آن می که جان پرور است — دل خسته را همچو جان در خور است
بیا ساقی آن آتش تابناک — که زردشت میجویدش زیر خاک
به من ده که در کیش رندان مست — چه آتش پرست و چه دنیا پرست

***

بیا ساقی آن می که عکسش ز جام — به کیخسرو و جم فرستد پیام
بده تا بگویم به آواز نی — که جمشید کی بود و کاووس کی

***

بیا ساقی آن جام جم ده مرا — تعلل مکن، دمبدم ده مرا
چه خوش گفت جمشید با تاج و گنج — که یک جو نیرزد سرای سپنج

---

۱ . مغاک = گودال (کنایه از گور)

۲ . مشکبیزی = آغشته به مُشک.

انجیل مستان

***

بیا ساقی آن جام چون مهر و ماه   بده تا زنم بر فلک بارگاه
چو شد باغ روحانیان مسکنم   درینجا چرا تخته بند تنم

***

بیا ساقی از باده پر کن بطی[1]   مغنی کجایی بزن بر بطی
به مستان نوید سرودی فرست   به یاران رفته درودی فرست

---

۱. بط = صراحی شراب که به صورت مرغابی سازند.

حیران کردستانی

شیخ محمد پسر شیخ امام الدین از فضلاء و شعرای قرن یازدهم می‌باشد. او ۷۷ بیت ساقی‌نامه دارد.

بیا ساقیا آتشم تیز کن — مرا نیز پیمانه لبریز کن
بریزم یکی جام می در به کام — از آن پیش کم می بریزد ز جام
از آن می که چون نشأه بار آورد — سحرگاه محشر خمار آورد

***

بیا ساقی آلوده شد دامنم — غم نیک و بد تا به کی در تنم
میم ده که مخمور خواهم شدن — وز آلودگی دور خواهم شدن

***

بیا ساقی این چرخ گردان نگر — نه چرخ، آفتِ شیر مردان نگر
مدار جهان را قراریست سست — به پیمانه بایست پیمان درست

***

بیا ساقیا چُست و چالاک باش — زمانی نه بر دور افلاک باش
بیا دور عمر آخر آمد به پا — نگه دار فرصت بیا ساقیا

***

بیا ساقیا پس بدارم نفس — دم آخرست این به فریاد رس
چو جان بر لبم در رسیده است هان — لبم بر لب جام باقی رسان

خرده کاشانی

محمد باقر برادر ملا مقصود خرده فروش شاعر، فاضل و خطاط عصر شاه عباس صفوی بود. وی سال ۱۰۳۸ ه‍. ق. در برهانپور هند وفات یافت. همچنین گویند دوازده هزار بیت شعر در دیوان جمع‌آوری کرده بود. وی دارای ۲۴۱ بیت ساقی نامه است.

بیا ساقی ای قبله من بیا   بیا طور وادی ایمن بیا
چراغ از می لاله گون برفروز   بکش پرده‌ی شیشه از روی روز

***

بیا ساقی آن ساغر اهل دید   بگردان که صبح سعادت دمید
به من ده که صبحم گریبان گرفت   هوای بهارم رگ جان گرفت

***

بیا ساقی آن دختر بی‌پدر   که از مادر تاک شد جلوه‌گر
به من ده کز آن صُلبها طی کنم   نسب نامه جمله را پی کنم

***

بیا ساقی آن چشمه‌ی سلسبیل   که پرواز ازو یافته جبرئیل
به من ده کزین تنگنا بر پرم   که از تنگیش خرد شد پیکرم

***

بیا ساقی آن آب آتش بخار   بده ساقی آن آتش آبدار
که در من تمنای آن لعل ناب   چو آبم در آتش چو آتش در آب

***

بیا ساقی آن آب حیوان بیار   بیا ساقی آن صورت جان بیار
بیا می بریزیم ساقی به جام   که بی می بود زندگانی حرام
بیا ساقی آن صیقل جام جم   که در جام پیداست انجام جم
از آن می که هر قطره‌اش عالمیست   بهر گوشه‌ی عالم او جمیست
به من ده که نه جام ماند نه جم   فرو ریزد اجزای عالم ز هم

***

بده ساقی آن جام شاهانه را   درودم به یکبار میخانه را
درین تیره شب راه گم کرده‌ام   توجه به درگاه خُم کرده‌ام

بیا ساقی آن ساغر اهل دید		بگردان که صبح سعادت دمید
دو چیزست منصوبه[1] روزگار		شراب صبوح[2] و شراب بهار
به من ده که صبحم گریبان گرفت		هوای بهارم رگ جان گرفت

***

بیا ساقی آن کیمیای قدح		طلسم صراحی، دعای قدح
که ورد زبان سازم و حرز[3] جان		مگر یابم از جور گیتی امان

***

بده ساقی آن توبه فرمای می!		مگو کی، که بسیار دورست کی
که عمرم به فکر می و جام رفت		وز آغاز مستی به انجام رفت

۱ . منصوبه = برقرار شده.
۲ . صبوح = شراب صبحگاهی.
۳ . حرز = پناهگاه.

خطائی قمی

خطائی قمی از شعرای قرن ۱۳ هجری است. سه اثر از وی در دست است: لب الالباب و مفتاح البواب، منتخبات و ساقی نامه او که ۷۳ بیتی است. گویا کتابی نیز به نام چهارده نور داشته است.

بده ساقی آن می که وجد آورد — مرا راند از می به نجد آورد
بده ساقی آن باده‌ی لعل فام — که تلخ است و تلخی زداید ز کام
بده ساقی آن باده بهمنی — که از سر نهم خوی اهریمنی
از آن باده کز ذوق مستی رهم — ز سر عادت خودپرستی نهم

***

بده ساقی آن پیلپای گران — که تا پیل رانم به هندوستان
میی ده که از سر نهم قال و قیل — بمالم سر نفس در پای پیل

***

بده ساقی آن ارغوانی صبوح — که هم قُوت جانست و هم راح روح
میی ده که سازد مرا شیر گیر — به روباه بازیِ این چرخ پیر

***

بیا ساقی آن باده‌ی سالخورد — که از روی ما رنگ زردی ببرد
بده جام باده پیاپی دلیر — به میخانه ساقی، مبینم حقیر

***

بیا ساقی آن پیلپای گران — به من ده که از هستیم سرگران
بیا ساقی آن ارغوانی شراب — به من ده که بیدار گردم ز خواب
بیا ساقی آن جام آیینه سان — که عکس رخ اوست در وی عیان
به من ده که بیدار گردم ز خویش — از این خانه گیرم ره شهر پیش
بیا ساقی آن راحت جسم و جان — به من ده که تنگم ازین خاکدان
بیان ساقی آن باده‌ی خُلّری — که هم خُلّری است و هم کوثری
به من ده که شویم ز دل زنگ غم — بگویم که جمشید کی رفت و جم

***

بیا ساقی آن جام نیکو سرشت — لب کشت نقدم به است از بهشت
میی ده که از روی مستی و شور — سرایم من از ذوق و وجد و سرور

خواجه حسین ثنائی

خواجه حسین ثنائی فرزند غیاث الدین علی در عصر شاه طهماسب صفوی در مشهد دیده به جهان گشود. گویند در اواسط جوانی بنا بر معجزه‌ای قدرت شاعری در خود یافت و در اندک زمانی سرآمد شاعران زمان خود گردید. وی در سال ۹۹۵ ه. ق. در لاهور دار فانی را وداع گفت و به خاک سپرده شد. بعدها اقوام وی استخوانهایش را به آستانه امام رضا(ع) منتقل نمودند. ساقی نامه‌ی وی شامل ۱۷۴ بیت می‌باشد.

بیا ساقی آن شمع خلوت نشین — که چون دست موسیست در آستین
به دستم ده و روشنم ساز دست — که از وی گشایم به اعجاز دست

***

بیا ساقی آن آتش عقل و هوش — که دل را ز گرمی درآرد به جوش
به من ده که خونم به جوش آورد — ز مستی عقلم به هوش آورم

***

بیا ساقی از بهر رندان مست — بفّسادی شیشه بگشای دست
نگه کن بدور و مپرس از ملال — که در قحط، خون خوردن آمد حلال

***

بیا ساقی آن کهربای وجود — که از جذب طبعش نمایم صعود
زنم خیمه بیرون از این جای پست — چو همّت کنم زیر پا هر چه هست

***

بیا ساقی آن خنجر آبدار — روان از نیام صراحی برآر
به من ده که بر رغم اهل ریا — کنم توبه را از بدن سرجدا

***

بیا ساقی آن نار هستی فروز — که شد شعله عشق از او خانه سوز
به من ده کز او برفروزم چون مهر — نبرد آزمایی کنم با سپهر

***

بیا ساقی آن باده گرم خون — که در دل نماید محبت فزون
بده تا کنم آشنایی به دوست — ز مهرش شوم پر چو از مغز پوست

***

بیا ساقی آن لذت آمیز عشق — چو حسن بتان فتنه‌انگیز عشق

به من ده که شوقش عنانم کشد
به کوی فنا رخت جانم کشد
مگر یک دم از قید هستی رهم
چو آیینه از خودپرستی رهم

***

بیا ساقی آن خازن می بیار
روان ز آستینش کلیدی برآر
که از وی گشایم در گنج راز
ز گنج دو عالم شوم بی‌نیاز

***

بیا ساقی آن باده پرفنون
که شد پرده در همچو دست جنون
که رسواییم را شود پرده‌دار
به عهد صلاح شه کامگار
علیّ ولی کز شراب الست[1]
درین بزمگه کس چو او نیست مست
رود آنکه از جام لطفش زجا
توان دادش از مستی می عصا

۱ . الست = روز اول خلقت.

خواجوی کرمانی

کمال الدّین ابوالعطاء محمود بن علی ابن محمود، معروف به خواجوی کرمانی، در پانزدهم شوال ۶۸۹ ه. ق. در کرمان متولد و در سال ۷۵۳ ه. ق. در شهر شیراز وفات یافت. او که از شعرای مشهور این دیار است علاوه بر دیوان، خمسه‌ای به سبک نظامی دارد، شامل: همای و همایون، گل و نوروز، روضة الانوار، کمال نامه و گوهرنامه. ساقی‌نامه وی نیز ۸۷ بیت دارد.

بیا تا خرد را قلم درکشیم — زمستی به عالم علم درکشیم
بده ساقی آن آب آتش نشان — از آن پیش کز ما نیابی نشان
که در آتش است این دل روشنم — همانا که بر آتش آبی زنم
بده ساقی آن لعل یاقوت رنگ — که برد از رخ لعل و یاقوت، رنگ
بده ساقی آن آب آتش خواص — کز آن آب یابم ز آتش خلاص
بده ساقی آن خسروانی قدح — که دل را بیفزاید از وی فرح
بده ساقی آن جوهر روح را — دوای دل ریش مجروح را
بده ساقی آن آب افشرده[1] را — به می زنده گردان دل مرده را
بده ساقی آن تلخ شیرین گوار — که شیرین بود خاصه از دست یار
بیا تا نشینیم و ساغر کشیم — دم از دل برآریم و دم درکشیم
بده باده تا خون دل کم خوریم — که خاکیم و از خاک ره کمتریم
بده ساقی آن کان جان روان — می آتشین، آب حیوان جان

۱ . آب افشرده = آبی که از فشردن میوه گیرند.

درویش مسکینی

در هیچ تذکره‌ای به جز عرفات العاشقین نام و نشانی از وی نیست. گویا رند فقیر درویشی بود که در هند می‌زیسته و از شاگردان غزالی مشهدی بوده است. ساقی نامه او ۳۰ بیت دارد.

بیا ساقی آن نوشداروی راز	که عاقل گداز است و دیوانه ساز
به من ده که از عقل مجنون شدم	ز زنجیر اندیشه بیرون شدم
به من ده که لاجرعه‌اش درکشم	لباس جنون را ز سر برکشم

دوستی سمرقندی

دوستی یکی از اشراف زاده‌های سمرقند و یکی از فضلا و شعرای قرن یازدهم هجری بوده و از وی اشعار زیبایی به جا مانده است. ساقی نامه وی ۱۲۰ بیت دارد.

بده ساقی آن خصم اندوه را — حریفی که از جا برد کوه را
بیاور می لعل دیرینه را — عروس شب عید و آدینه را
گل و جام ساغر طفیل[۱] گُلست — ازین جمله مقصود اصلی دلست

۱ . طفیل = مهمان ناخوانده.

انجیل مستان

رابط اصفهانی

ملک محمد ولد نورای صحاف و نواده آقا ملک معروف، از شعرای قرن یازدهم هجری است. کار اصلی او صحّافی بوده است. متأسفانه تاریخ وفاتش معلوم نیست او دارای ۱۰۶ بیت ساقی نامه است.

بیا ساقی اندیشه از کس مکن   که ناموس را نخل کندم ز بُن
تو هم ننگ و ناموس از سر بنه   بیا می بخور، مست شو، می بده

***

بیا ساقی ای دین و ایمان من   بیا می بده جان من جان من
از آن می که از وی قدح خور شود   چنان کن که پیمانه‌ام پر شود

رشدی

حکیم رشدی قمی که از فحول اطبا و شعرای ایران بود، رشدی تخلص می‌کرد متأسفانه شرح حال کاملی از او وجود ندارد. ساقی نامه‌ی او حاوی ۹۹ بیت است.

بیا ساقی میگساران بیا — بیا پیکر شوق را جان بیا
میم ده که بی تابم از عقل و هوش — چو در خم شراب و چو در باده جوش

***

بده باده ساقی که غم جوش کرد — زبانم ز گفتار خاموش کرد
می روشن آن کیمیای شگرف — که وصفش مُبّراست از صوت و حرف

***

بیا ساقی آن سرّ مستور را — بیا باده‌ی سر بسر نور را
به من ده که تا رنج جانم ز عقل — به جز ترک مستی ندانم ز عقل
بده ساقی آن ارغوانی شراب — که از جور گیتی خرابم خراب

***

بیا ساقی از باده جامی بیار — که از وی بود رنگ صد نوبهار
به من ده که جور خزان دیده‌ام — ستمهای هفت آسمان دیده‌ام
بده می که بد مستیی سر کنم — نظام شب و روز ابتر[۱] کنم
از آن می که از شیشه گر وا شود — قیامت به نقد آشکارا شود

---

۱ . ابتر = ناقص، دم بریده.

رشیدای عباسی

رشیدا از تبارزه عباس آباد اصفهان بود. وی که زرگر و میناکاری برجسته بود در شعر هم دستی داشت. وی قبل از سال ۱۰۸۳ هجری قمری درگذشته است. ساقی نامه او حاوی ۳۱۵ بیت است.

بده ساقی آن شمع امید را	چراغ شبستان جمشید را
کز او آفت خودپرستی شوم	چو نشأه سبکروح مستی شوم

***

بده ساقی آن جام کوثر زلال	که در بزم وحدت چو مستان حال
چو در جیب اندیشه سر در کشم	ز خُمخانه دید ساغر کشم

***

بده ساقی آن شعله صاف را	گلاب گل باغ انصاف را
بده می که در این کهن خاکدان	پی عبرت دید دُردی‌کشان

***

بده ساقی آن نور بگزیده را	چراغ جهان بینی دیده را
کزو سرمه‌ی چشم حق بین شوم	اگر ذرّه بینم جهان بین شوم

***

بده ساقی آن کیمیای یقین	که اکسیر روح است و معیار دین
کزو قلب خود را طلایی کنم	به خاک جسد کیمیایی کنم

***

بیا ساقی از روی صدق و صفا	به غواصی گوهر مدعا
چو ساحل نشینان دریای خُم	نشینیم چون لای در پای خُم
بده ساقی آن بدر ساغر لقب	که چون برفروزد به بزم طرب
ز سیاره غنچه‌های حباب	شبیخون زند بر گل آفتاب

***

بده ساقی آن حسن ادراک را	به خرمن رسان خوشه تاک را
که آن شعله چون برق خس نارس است	چو خوناب داغ هوس نارس است

***

بده ساقی آن برق افسانه سوز / چراغ حرم تاب بتخانه سوز
که در خرمن نقص دعوی زنم / چو منصور گلبانگ معنی زنم

***

بده ساقی آن باطن افروز دل / که دلتنگم از عالم آب و گل
کزو شهپر¹ آرای دعوی شوم / همای فلک سیر معنی شوم

***

بیا ساقی آن خالص نقد جان / که چون صاف روحست روشن روان
بده تا کنم شمع فانوس دل / شوم نغمه افروز ناقوس دل

***

بده ساقی آن جوهر آبرو / که از پرتو حسن پندار او
بتابم رخ از بزم بی‌حاصلی / شوم شمع فانوس روشندلی

***

بده ساقی آن بحر ساحل بلور / که هر قطره او است طوفان نور
کز آلایش شعله‌ی آبرو / چو خورشید روشن شوم مو به مو
بده ساقی آن شمع افشای راز / که برق شبیخون زنم بر مجاز
کنم بحر اندیشه را موج زن / شوم جوهرافشان تیغ سخن

***

بیا ساقی از باده شوق دوست / که صاف رخ مهر سر جوش اوست
فروغی که در جام هفت اختر است / ز عکس کف ساقی کوثر است

---

۱. شهپر = شاه بال.

رضی آرتیمانی

میر محمد رضـی آرتیمانی از شـاعران صـوفی مسـلک نیمه اوّل سـدهی یازدهم اسـت. وی در آرتیمان حوالی تویسـرکان، به دنیا آمد و در سـال ۱۰۳۷ ه. ق. در همانجا از دنیا رفت. حدود هزار و پانصد بیت شعر اعم از قصیده و غزل و قطعه و ترجیع بند و رباعی و ساقی‌نامه از وی به یادگار مانده است. وی ۱۶۱ بیت ساقی‌نامه دارد.

بیا ساقیا می به گردش درآر — که دلتنگم از گردش روزگار
میی بس فروزان‌تر از شمع روز — میی ساقی و باده و جام سوز
میی صاف، ز آلایش ماسوا — ازو یکنفس تا به عرش علا

***

بده ساقی آن آب آتش خواص — کزین مستیم زود سازد خلاص
مگو تلخ و شور، آب انگور را — که روشن کند دیده کور را

رکن الدّین مسعود کاشانی

رکن الدّین مسعود متخلّص به مسیح و مشهور به حکیم رکنا فرزند حکیم نظام‌الدین در کاشان متولّد شد و در حدود سال ۱۰۶۰ ه. ق. وفات یافت. از او است: ضابطة العلاج در طب، مجموعه خیال، دیوان اشعار. وی دارای ۲۳۴ بیت ساقی‌نامه است.

بیا ساقی آن آتش پرده سوز — که در قالب شب کند روح روز
به من ده یکی جرعه از جام جم — که در جام پیدا است انجام جم
میی ده که چون در قدح جا کند — چو آتش روان میل بالا کند

***

بیا ساقی آن می بده برگزاف[1] — میی آنچنان صافی از دُرد و صاف
که در طبع دانا و بیدادگر — نماید دو صورت ز خیر و ز شر

***

بیا ساقی اینجا ز سر گیر دور — چه شد؟ گو بما سخت‌تر گیر، دور
میی تلختر خواهم از انتظار — که چون شوق وعده بود خوشگوار
من آن رند میخواره مفلسم — که از فیض می رشک زر شد مسم

***

بده ساقی آن جام گردون نشان — که بوسد لبش را چو خط کهکشان
از آن می ده ای ساقی تیزهوش — به این مست صافی دل دُرد نوش

***

بده ساقی آن دُرد صافی نهاد — که بویش کند روح، در جسم باد
به یادش چو قسمت کند خون، جگر — شود موی خشکت چو ریحان تر

***

بده ساقی آن نقد باغ بهشت — میی گرم و تر، چون دماغ بهشت
که در طبع دوزخ گوارا کنم — بهشت، از نفس آشکارا کنم

***

بیا ساقی اندر جهان خراب — مپیمای باد و بپیمای آب
که چون گرم گردد دماغم زمُل — چو گلبن بیفشانم از خویش گل

---

۱ . گزاف = زیاده‌گویی.

بده ساقی آن صاف گیتی نمای
که در دُردِ آن آسمان کرد جای
نمایان ز هر قطره چرخ بلند
چو نارنجی از شیشه نخلبند

***

بده ساقی آن جام منصور چهر
که افروخت زو آتش طور چهر
طلب کن زمستانِ این سرزمین
خُمی رفته قارون صفت در زمین
میی خواهم از شعله شاداب‌تر
درو صد تجلّی [1] ز دود جگر

***

بده ساقی آن صاف زرین ایاغ
که صبح آورد بهر شامم دماغ
مگر همچو خورشید از آن جام زر
برون آرم از روزن صبح، سر

---

۱ . تجلّی = جلوه‌گری.

زکی همدانی

مولانا زکی در همدان به دنیا آمد وی در شعر بخصوص غزل سرایی چیره دست بود. وی عاقبت در سال ۱۰۳۰ یا ۱۰۳۴ هـ. ق. در گجرات فوت کرد و گویا دیوانی شامل پنج هزار بیت شعر داشته است. ساقی نامه او ۸۶ بیت دارد.

بده ساقی آن مرهم سینه را
همان باقی دُردِ دوشینه را
من آن غنچه‌ام، کز هوای چمن
شکفتن نداند دل تنگ من

***

بیا ساقی اکنون که بی‌وصل یار
چو شب، روز امید من گشت تار
بده قرّةالعین[1] انگور را
چراغ دل آتش طور را
که گردد شعاعش دل افروز من
به یک لُمعه[2] روشن کند روز من

***

بیا ساقی آن آب آتش نهاد
کزو در دلم آتشی اوفتاد
چه شد که آشنایی فراموش شد
نگه با تغافل[3] هم آغوش شد

---

۱. قرةالعین = نور چشم.
۲. لمعه = روشنی.
۳. تغافل = خود را به غفلت زدن، فراموشی.

ساقی خراسانی

حاجی محمد زمانی خان جلایر کلاتی خراسانی متخلص به ساقی، در سال ۱۲۰۰ ه‍. ق. در کلات متولد و در سال ۱۲۸۶ ه‍. ق. در تهران فوت کرد. امروزه دیوان اشعارش موجود است. وی ۱۷۹ بیت ساقی نامه دارد.

بده ساقی آن باده‌ی خوشگوار   که از هستی من برآرد دمار
براندازم آیین حصر و حدود   به وحدت گرایم ز بود و نبود

***

بده ساقی آن باده لاله گون   که جام دلم گشت لبریز خون
مرا پرده داریست عاشق‌پذیر   که در پرده دل بود جایگیر

***

بیا ساقی بامداد الست   مرا نیستی بخش از هر چه هست
بده زود آن آب آتش فشان   که نگذارد از باد و خاکم نشان

ساکت تبریزی

میرزا احمد ساکت تبریزی فرزند میرزالطفعلی مستوفی آزاد خان در عصر کریمخان زند بود. وی شاعر، قاضی و مجتهد بوده است. مرگ وی باید بعد از سال ۱۲۵۰ هجری قمری اتفاق افتاده باشد. ساقی نامه‌ی او دارای ۲۰ بیت است.

بیا ساقیا من به قربان تو فدای تو و عهد و پیمان تو
بده یادگار جم کامکار [۱] که با هر مزاجی بود سازگار
میی ده که افزایدم عقل و جان فتد بر دلم عکس روحانیان

***

بیا ساقی ای مشفق [۲] چاره‌ساز بده یک قدح زان می غم گداز
که بر هم زنم عالم خاکیان کنم سیر با فوج افلاکیان
بسوزم از آن دلق سالوس [۳] را بدور افکنم نام و ناموس را

---

۱ . کامکار = کامروا، سعید.
۲ . مشفق = مهربان.
۳ . سالوس = مکر، ریا.

سالک قزوینی

محمد ابراهیم قزوینی متخلص به سالک از شاعران سده‌ی یازدهم هجری است، زادگاهش قزوین و سال تولدش ۱۰۲۱ ه. ق. می‌باشد. وی در مثنوی و غزل توانا و در قصیده و رباعی نیز دستی داشت. سال وفات او باید بین سالهای ۱۰۸۳ تا ۱۰۹۰ ه. ق. باشد. ساقی نامه وی حاوی هزار و دویست بیت است.

بده ساقی آن جام فریاد رس — که میخانه دولتسرای تو بس
بده جامی و از خمارم برآر — ز بند غم روزگارم برآر
سر شیشه می به لب باز کن — طرب را به گلچیدن آواز کن

***

بیا ای برازنده[۱] ساقی بیا — تو ای حاصل عمر باقی بیا
هوای صبوحیست ای نوش لب — به ساغر کن آن کیمیای طرب
بده ساقی آن جام پرداخته — که بر سروِ مینا بود فاخته[۲]

***

بیا ساقی ای صبح نوروز من — بناگوش و خطت شب و روز من
به ساغر کن آن ارغوانی شراب — که در دم شود شیشه باز از حباب

***

بده باده ارغوانی بده — دو جامی به یاد جوانی بده
جوانی بود گوهر پربها — مکن دامن فرصت از کف رها
چو گل ریخت از تندباد خزان — چه سود آنزمان زاری باغبان
بده ساقی آن آب آتش حلول[۳] — که جرمش ثوابست[۴] و ردّش قبول
از آن شعله شاداب کن کشت من — که خندد به یاقوت، انگشت من

***

---

۱ . برازنده = زیبنده، شکیب.
۲ . فاخته = کوکو.
۳ . حلول = وارد شدن روح.
۴ . ثواب = پاداش.

بیا ساقی آن جام آیینه فام | که زمزم نتاجست[1] و کوثر غلام
به من ده کزین ورطه‌ی[2] بی‌امان | برم کشتی خویشتن بر کران[3]
غم افسرده دارد دماغ مرا | برافروز از این می چراغ مرا

***

بده ساقی آن زرّ بگداخته | که از آتش آیینه پرداخته
زر می نه از کنج قارونی است | خُمش خسروانی، فریدونی است

***

بیا ساقی ای منعم گنج بخش | به مستان از آن گنج بی‌رنج بخش
بده تا زر سرخ می در خُمست | که سر رشته کار سر در گمست

***

بیا ساقی ای منعم[4] دلپذیر | تو باری به جامی مرا دست گیر
دو چیز ار گدایی کند کس بجا است | ولیکن ز یاری که طرز آشنا است
یکی بوسه از لعل جان بخش یار | یکی ساغر از ساقی گلعذار
بده نوش لب ساقی آن جام تلخ | که شیرین کند تلخیش کام تلخ

***

بده ساقی آن جام روشن روان | به پیرانه سر ساز ما را جوان
ز غم پیر شد بخت ادبیر[5] من | به پیری رسی گر شوی پیر من

***

بده ساقی آن ساغر دلنواز | که از دل کنم ناله عشق ساز
مشو پیرو آب و گِل پروران | که هرگز نمیرند دل پروران

***

بده ساقی آن وایه دل بده | پر و بال این مرغ بِسمل بده
بده تا غزلخوان عشقم کند | سلحشور میدان عشقم کند

***

---

۱ . نتاج = نژاد.
۲ . ورطه = هلات، مهلکه.
۳ . کران = ساحل.
۴ . منعم = احساس کننده، مالدار.
۵ . ادبیر = منحوس

بده تا بگویم ز اسرار عشق / اناالحق زنان بر سر دار عشق
بده ساقی آن گوهر درج راز / که سازد به رویم در عشق باز
چو اشراقیانم خردمند کن / نظر را به تار نظر بند کن

***

بده ساقی آن نوشداروی عیش / مگر بینم از جام می روی عیش
اگر زین می صِرف، خاصم کنی / ز روی دورویان خلاصم کنی

***

بده ساقی آن جام گلرنگ را / همان شمع پروانه آهنگ را
بجان سر ده آن آب آتش عیار / که گلهای یکرنگی آرد به بار
همان می که جامش به صد آب و تاب / کند پنجه در پنجه آفتاب

***

بیا ساقی آن جام حق بین بده / همان جام آیینه آیین بده
که دارد عروس سخن گستری / سر و برگ آرایش و دلبری
به صد عشوه و ناز و غَنج¹ و دَلال² / عروس سخن می‌نماید جمال

***

بیا ساقی امشب مدامی بده / از آن صاف انصاف جامی بده
بده ساغری تا چو گل واشوم / به ختم سخن مجلس آرا شوم

***

بده ساقی آن خسروانی نبید / که دور سخن هم به پایان رسید
بده یک دو ساغر به نام سخن / که دارم سر اختتام سخن

---

۱. غنج = عشوه.
۲. دلال = کرشمه.

شاه شجاع

ابوالفوارس جلال الدین بن محمد بمارزالدین، دوّمین سلطان آل مظفر و ممدوح خواجه حافظ شیرازی، شاعری نغزگو و مردی شجاع و متدین بود. او که در سال ۷۵۹ ه. ق. به جای پدر بر تخت نشست پس از حدود ۲۷ سال سلطنت در سن ۵۳ سالگی درگذشت. در مورد او گویند که حافظه‌ای عجیب داشت چنانکه در سن ۹ سالگی قرآن را حفظ کرد. از وی به دو زبان عربی و فارسی اشعار زیبایی به یادگار مانده است. ساقی نامه‌ی او چهارده بیت دارد.

بیا ساقی آن روشنی بخش روح — که چون زُهره روشن بود در صبوح
به من ده که دل را دوایی دهم — درین تیره خاکش صفایی دهم

***

بیا ساقی آن صیقل روح پاک — که شد تیره از صحبت آب و خاک
به من ده که تا یادش آرم بهشت — که کوثر که پُر کرد و طوبی که کشت

***

بیا ساقی آن بکر گلگون پرند[1] — که خُمخانه را نام ازو شد بلند
به من ده که این دیر بی‌نام و ننگ — بسی زد سبوهای مردم به سنگ

***

بیا ساقی آن رشک آب حیات — به من ده که دنیا ندارد ثبات
مگر روزکی چند بی‌غم شوم — چو جامی به دست آیدم جم شوم

***

بیا ساقی آن باغ دل را کلید — به من ده که جانم به طاقت رسید
مگر مشرب عمر صافی کنم — زمان گذشته تلافی کنم

***

بیا ساقی آن مایه بخش امید — که دارد دل آدمی پر نوید
به من ده که در مکتب حرص و آز — چو طفلان به ابجد رسیدم به تاز

***

بیا ساقی آن گلرخ لعل فام — که بردارد از من غم ننگ و نام
بده تا زناموس برهاندم — به کنج خرابات بنشاندم

---

۱ . پرند = حریر.

اشرف زرد تبریزی

اشرف زرد تبریزی و معاصر وحشی بوده است. از او ساقی‌نامه کوتاهی به جا مانده است. سال وفات او را ۱۰۱۶ هجری قمری ذکر کرده‌اند. از ساقی‌نامه وی فقط ۱۳ بیت در جلد سوم خرابات چاپ استانبول مسطور است.

بیا ساقی آن بکر پرشور را   بیا ساقی آن مست مستور را
به من ده که عقلش به کابین دهم   از این گوژ پشت جهان وا رهم

شوکتی اصفهانی

ملا محمد شوکتی اصفهانی مردی بود که با وجود کبر سن از جمیع فسوق بهره وافی داشت به طوری که عاقبت سرش را در راه اخلاق و اعمال ناشایسته‌اش بر باد داد. شوکتی بد شاعری نبوده و بعضی از ابیاتش زبانزد است. ساقی نامه وی حاوی ۸۶ بیت است.

بیا ساقی ای مرغ باغ بهشت — که باغ بهشتّی و راغ بهشت
بیا و گل باده را شَست گیر — من مست افتاده را دست گیر

***

بیا ساقی ای شمع شب زنده دار — چمن را گل و انجمن را بهار
به می بزم جمشید کن خانه را — بزن سکه باده، پیمانه را
بده می، که بلبل فغان می‌کند — هوا کار رطل گران می‌کند

***

بده ساقی آن برق خورشید تاب — که چون برق تابم ز ابر حجاب
به لب آرم از بیخودی راز دل — که باده مرا هست غمّاز[۱] دل

۱ . غمّاز = سخن‌چین.

شکیبی اصفهانی

محمدرضا پسر خواجه ظهیرالدین عبدالله اصفهانی متخلص به شکیبی در سال ۶۹۴ ه. ق. در اصفهان به دنیا آمد و در سال ۱۰۲۳ ه.ق. در دهلی وفات یافت. در میان اشعارش ساقی نامه، شهرت خاصی دارد. ساقی نامه وی ۱۰۶ بیتی است.

بیا شیشه بردار ساقی بیا — بیا چشمه عمر باقی بیا
بهار دل می‌پرستان بیار — طرب را کلید گلستان بیار

***

بیا ساقی من ایاغی[۱] بیار — شب غربتم را چراغی بیار
بود ره درین شب به جایی برم — گذر بر در آشنایی برم
ازو پرسم افسانه خویش را — سراغی کنم خانه خویش را

***

بیا ساقی آن لاله گون می بده — طرب نامه آذر و دی بده
مکن تکیه چون سبزه بر جویبار — که نه سرو ماند نه گل نه بهار

***

بیا ساقی تشنه چشمان، مرو — مرو، ای سَرِ زود خشمان، مرو
شبم را به ته جرعه ای ساز روز — ز خاشاک من آتشی برفروز
که تسبیح صد دانه را طی کنم — سپندِ سرِ آتشِ می کنم

***

بیا ساقی آن آب حیوان[۲] بده — ز سرچشمه خانخانان بده
بده صاف[۳] یا دُرد[۴] از آن جرعه‌ای — که بر نام دولت زنم قرعه‌ای

***

بیا ساقی آن آب آتش نژاد — که پنداری از آتش طور[۵] زاد
بده تا برآتش نهم شرم را — قلم بشکنم حرفِ آزرم را

---

۱ . ایاغ = جام.
۲ . آب حیوان = آب زندگانی.
۳ . صاف = زلال.
۴ . دُرد = گردی که در ته شراب باقی می‌ماند
۵ . طور = مقصود کوه طور است (طور سینا)

صحیفی

صحیفی ذوالقدر در شیراز متولد و در شبستان مسجد جامع صفاهان مدفون شد. وی علاوه بر اینکه در فن خوشنویسی ماهر بود به زبانهای فارسی و ترکی اشعار زیبایی سروده است. ساقی نامه وی شامل ۶۶ بیت است.

بده ساقی آن آب فکرت گداز　　که بیرون دهد دل از این پرده راز
گشایم ز روی مدارا نقاب　　بیندازم از گل رخ آفتاب

***

بده ساقی آن نشأهٔ زندگی　　به احباب از جام فرخندگی
ز دوران فراموشیم آرزو است　　به رندان هم آغوشیم آرزو است

***

بیا ساقی آن آب آتش خواص　　که با طبع من باشدش اختصاص
کرا تاب این آب رخشنده است　　که این آب، چون برق سوزنده است
بود پیر رندان لاهوت سیر　　شراب کهن سال، در کنج دیر

***

بده ساقی آن آب آتش مزاج　　که هستی گداز است و صاحب رواج [1]
به من ده که باد بهاری وزید　　نقاب عفاف از رخ گل کشید

***

بده ساقیا یک دو جام دگر　　که افزون شود مستیم را هنر
ز مستی زنم تکیه بر دوش چرخ　　ز افغان درم پرده گوش چرخ
بزیر افکنم طاس [2] خورشید را　　به هم برزنم چنگ ناهید را

---

۱ . رواج = فراوانی.
۲ . طاس = منظور قرص خورشید است.

صدقی استرآبادی

سلطان محمد صدقی استرابادی در استراباد دیده به جهان گشود و در کاشان مدفون گشت. او که از علمای دینی و فضلای روشن ضمیر بود، گاهگاهی به کار شعر نیز می‌پرداخت و در این راه دُر توحید و نعمت می‌سفت. مورخین سال وفاتش را ۹۵۲ هجری قمری نوشته‌اند. از او است: شرح مطالع، دیوان قصاید و غزلیات. او ۳۲۵ بیت ساقی نامه دارد.

بیا ساقی آن می که مستی فزاست — چه مستی فزا بلکه هستی رباست
به من ده که خواهان آن مستیم — که فارغ کند از غم هستیم

***

بیا ساقی آن زهر آتش شعار — که از لشکر غم برآرد دمار
به من ده که از دست غم ناخوشم — به جان آمدم چند محنت کشم

***

بیا ساقی آن جام روشن ضمیر — کز آن فیض یابند برنا و پیر
به من ده که از پرتو نور آن — شود در دلم سرّ هستی عیان
به مغز حقیقت برم پی ز پوست — به نوری که انوار هستی ازوست
برون آیم از ظلمت شک و ریب [1] — به عین الیقین [2] یابم انوار غیب

***

بیا ساقی آن جام مرد آزمای — که افتند از وی حریفان ز پای
بپیمای بر من، ولی آنچنان — که از پا نیفتم چو دعوتگران

***

بیا ساقی اکنون که دوران تست — می عیش در جام احسان تست
بده چون ترا هست آن دسترس — چه به زآنکه فیضی رسانی به کس

***

بیا ساقی آن رشک خورشید را — برآرنده‌ی صبح امید را
چنان جلوه‌گر کن به جام سرور — کز آن فیض یابند نزدیک و دور

***

---

۱ . ریب = شک و تردید.

۲ . عین الیقین = مرحله‌ی دوّم یقین است شامل کشف رموز جهان از راه صفای باطن.

بده ساقی آن باده مشکبو	که ناف زمین گر شود پر ازو
برویاند آن آب معجز قرین	زناف زمین نافه مشک چین
بیا ساقیا زان می نوربخش	کرم کن چراغ مرا نوربخش
کز آن می دل صاف نور اقتباس	چو آیینه مهر شد روشناس

***

بیا ساقی آن مجلس آرا کجاست؟	هلاکیم بی او خدا را کجاست؟
که از ما برد عیب پژمردگی	ترش رویی و مجلس افسردگی

***

بیا ساقی آن چهره افروز را	که در شب نماید رخ روز را
به من ده که در رونق کار من	برد ظلمت از روز ادبار من

***

بده ساقی آن باده صاف را	خوشاینده ممزوج[1] شفاف را
که در تیره شبهای چون پرّ زاغ	حبابش بود گوهر شب چراغ

***

بده ساقی آن باده‌ی زورناک	صفا بخش دل، راحت روح پاک
که بالا نشینی مستان ازو است	زبر دستی زیر دستان ازو است

***

بیا ساقی آن می که مست خراب	به زورش برد پنجه آفتاب
به من ده که از تاب خورشید غم	ندارم ازین بیش تاب ستم

***

بیا ساقی از جام جم یاد کن	نگاهی درین محنت آباد کن
چو دیدی که هیچست انجام عمر	می خرمی ریز در جام عمر

***

بیا ساقی اکنون که وقت گل است	جهان خرم از نغمه‌ی بلبل است
منه از کف آن ارغوانی شراب	که هر قطره‌اش به ز لعل خوشاب

***

بیا ساقی آن باده شیرگیر	که از دل برد خوف این گرگ پیر

---

۱. ممزوج = مخلوط، شراب آمیخته با آب.

به دلخواه در جام عیشم بریز | که از شیر چرخم نباشد گریز

***

بیا ساقی آن تلخ شیرین عمل | که چون شیره جان بود بی بدل
بده وان مبین کو طبیعت گرا است | که شیرین‌تر از شیره جان ما است
بیا ساقی آن مظهر لطف و قهر | که گه پادزهر است و گاه است زهر
به من ده به هنجار دانا پسند | که از قهر و زهرش نیابم گزند

***

بیا ساقی از روی لطف و کرم | نجاتم ده از زهر اندوه و غم
مفرما به تریاقم از بهر زیست | چو داری می کهنه تقصیر چیست؟!

***

بیا ساقی آن بکر با آب و تاب | که با زاهدان نیستش خفت و خواب
به من جفت گردان به عقد دوام | که کام دل آن به که باشد مدام

***

بیا ساقی آن دلبر خردسال | که در بردن دل بود بی‌مثال
ز چشم بدان تا نبیند گزند | دعای قدح بر کنارش ببند

***

بیا ساقی آن آب کوثر نشان | که آمد به دنیا ز باغ جنان
روان ساز بهر فراغ دلم | که گلها بروید ز باغ دلم

***

بده ساقی آن باده پاک را | سرور دل اهل ادراک را
کزین نیلگون خُم ترشح کنان | نمایان کند هر طرف اختران

***

بیا ساقی آن همدم صبح و شام | که گرم اختلاط است[1] با خاص و عام
چو افسرده‌ام در ادای سُخن | دماغم به آن گرمخون گرم کن

---

۱ . اختلاط = معاشرت، درهم آمیختن.

صفی صفاهانی

آقا صفی مشهور به «صفیا» اصفهانی از شاعران سده دهم و یازدهم هجری است و غزلیاتش عاشقانه و عباراتش عارفانه بود. وی در سال ۱۰۲۸ ه. ق. در کابل درگذشت. ساقی نامه‌ی آقا صفی مشتمل بر ۸۵ بیت است.

بیا ساقی از احتیاجم برآر — وزین کشور بی رواجم برآر
شهی کو ستاند ز گردون خراج[1] — به ساقی گشاید کف احتیاج
به هندم رسان خوش دران مرزو بوم — به ویرانه تاکی نشینم چو بوم

***

بیا ساقی آن آب آتش خصال — بده تا برآیم ازین تیره چال
مدد کن بیک جرعه بیغشم — که از بخت بد بر سر آتشم
ز روی و کف ساقی کامیاب — خلیلم در آتش کلیمم در آب

***

بده ساقی آن رشک کان یمن — بدان سان که گردون نماند به من
که گردون دون بس حسود آمده است — زرشکی که دارد کبود آمده است

***

بده ساقی آن ساغر یک منی[2] — بکوریّ این چرخ اهریمنی
مغنّی[3] تو هم نغمه‌ای ساز کن — در خُرّمی و فرح باز کن

***

بده ساقی آن سلسبیل وجود — که گلشن شوم بر خلیل وجود
دل از هر بد و نیک خالی کنم — به پیرانه سر خُردسالی کنم

***

بده ساقی آن مایه دلخوشی — کلید نهانخانه بیهشی
بده ساقی آن کیمیایی رحیق — کزو شیشه شد لعل و ساغر عقیق
به عزت بیاشام و عزت بده — که در ده بزرگ است، سالار ده

---

۱ . خراج = باج، مالیاتی که پادشاهان از رعیت گیرند.
۲ . ساغر یکمنی = جام بزرگ.
۳ . مغنّی = نوازند مطرب.

بده ساقی آن عور مستور را	جگر گوشه‌ی تاک انگور را
مرا میزبانی است هم کیش من	نهد خوان رنج و بلا پیش من
به من هر زمان درد و غم می‌دهد	کریم است مُنعم نه کم می‌دهد

※※※

بیا ساقی آن دشمن فکر را	به من بخش آن شاهد بکر را
که با او دمی شادمانی کنم	کلاه نمد را کیانی کنم

※※※

بده ساقی آن تلخ شیرین نسب	به صورت حریر و به سیرت قصب¹
بده ساقی اکنون که دوران تو است	صراحی و ساغر به فرمان تو است
نکویی کن و روز، فرصت شمار	که هر مستیی دارد از پی خمار

---

۱. قصب = نی هر گیاه میان تهی اما در اینجا به معنی پارچه‌ی ظریف کتانی است.

ضیائی موشحی

ضیائی موشحی یکی از شعرای دردمند هندوستان است که در جونپور به دنیا آمده است. اکثریت ابیات وی نیز موشحند. وی حدود چهار هزار و کسری بیت شعر داشته است.

بیا ساقی ان زینت جام را	می زعفران طبع گلفام را
به من ده که عیشم جوانی کند	غمم در عدم زندگانی کند

طغرای مشهدی

ملا طغرای مشهدی متخلص به وحشت و گاهی شیفته، اهل مشهد بود. وی شاعری بود انزواطلب و گوشه‌گیر که در عین حال اشعاری در هجو و تهمت به شعرای معاصر خود دارد. سال وفات وی باید قبل از ۱۰۷۸ ه. ق. باشد. منشئاتش زیبا و دیوان غزلیاتش شامل ده هزار بیت است. از او ساقی نامه بلندی (در حدود ده هزار بیت) موجود است.

بیا ساقی ای محرم آب و گِل   که نومیدیم کرده افسرده دل
می‌ی ده که گرم امیدم کند   سیه مستیش رو سفیدم کند

***

بیا ساقی ای بانی خرمی   عمارتگر منزل بی‌غمی
بنا کن طربخانه در ملک آب   که آسان برآید چو قصر حباب

***

بیا ساقیا می بده می بده   پیاپی چو گفتم، پیاپی بده
مَهِل بر می آتشین جام را   کزو پخته سازم دل خام را

***

بیا ساقی معرفت پیشگان   طرب ساز بزم حق اندیشگان
بده می کزو کفر را دین کنم   به اهل هوس عشق تلقین کنم

***

بیا ساقی آن شمع مرغوله[1] دود   که دارد فتیله از او تار و عود
به من ده که از پرده ساز عشق   بدین روشنی آید آواز عشق
بیا ساقی آن شوخ چادر زجاج   که آبی وجود است و آتش مزاج
چنان کن که گردد هم آغوش من   ز شوخی زند چنگ در هوش من

***

بده ساقیا آنچه داری به دست   که رزقم همین شد صبوح الست
غذایی ندارم بغیر از شراب   بود صاف و دُردش مرا نان و آب

***

---

۱. مرغوله = پیچیده، مجعد.

بیا ساقیا رو به دریای خُم | که گردی نهال از تماشای خُم
سبویی که از بهر خُم یافت آب | بود سبزه شیشه‌ها را سحاب
بیا ساقی ای صبح خورشید جام | که نور از تو دارد طرب گاه شام
چو گردون تو هم همتی پیشه کن | گل ابر را پنبه شیشه کن

***

بیا ساقیا در لباس حریر | گریبان رعنای رز را بگیر
از او دست دعوی چو گل برمدار | که شد خونی ارغوان در بهار

***

بده ساقی ای نوبهار طرب | گل ساغر از شاخسار طرب
به زینت چو باشد دلم را سری | زنم بر سر خود گل ساغری

***

بیا ساقی ای حور غَلمان[1] سرشت | رخت معنی لاله‌زار بهشت
ز می نرگست گو مکن اجتناب | حلالست بر اهل جنت شراب

***

بده ساقی آن آب آتش نهاد | که موجش دهد خاک غم را به باد
مزن فال نومیدی ای می پرست | مگو نیست می چون بپرسد که هست

***

بیا ساقی ای زینت شهر و ده | چو زاهد ز تو باده خواهد بده
اگر دست او دسته گُل شود | کجا قابل ساغر مُل شود

***

بیا ساقی ای نو نهال ارم | سیه سنبلت داغ مرغ حرم
رخ از سرو مینای می برمتاب | که شد بار این سرو یاقوت ناب

***

بیا ساقی ای عشرت افروز من | شب وصل تو روز نوروز من
نه شربت نه سنبوسه خواهم ز تو | ایاغی پس از بوسه خواهم ز تو

***

بده ساقیا لعل نابی بده | صریحت بگویم، شرابی بده

---

۱ . غلمان = غلام.

شرابی که بر درگه قصر جام　　چو یاقوت دارد هزاران غلام

***

بیا ساقی ای عکس روی تو بدر　　ز موی تو یکدسته شبهای قدر
به گردش درآور ایاغی چو ماه　　که نورش کند شام را صبحگاه
بیا ساقی افسونگری پیشه کن　　پری از خُم باده در شیشه کن
که شد مجمر از عود نکهت فروز　　ز بهر پریزاد می عود سوز

***

بیا ساقی میگساران، بیا　　بیا، سرخوشی بخش یاران، بیا
بده باده آنگه بگو کیستی　　که بی باده هستی بود نیستی

***

بیا ساقی آن لعل بگداخته　　کزو آب یاقوت رو ساخته
بده تا زگلگونه آن رحیق　　شود کهربایم به رنگ عقیق

***

بیا ساقی ای واقف جام می　　تویی آگه از پخته و خام می
میی ده که دیوانه سازد مرا　　از این عقل بیگانه سازد مرا

***

بیا ساقی ای خرمی بخت تو　　نشاط سلیمانی از تخت تو
ز مینا پریزاد می را برآر　　که خالی شود بهر دیو خمار

***

بیا ساقی ای منبع صلح کُل　　ز مشرب لبالب کنِ جام مُل
بده می که از نشأت اتفاق　　به رندی کنم زهد را بی‌نفاق

***

بیا ساقی آن آب کوثر لقب　　که جویش بود از زجاج حلب
درین کربلا کز خمارست شَین[1]　　بده تا بنوشم به یاد حسین

***

بده ساقی آن تلخ شیرین نظام　　کز او شور منصور افتد به جام
چو گردد ایاغ از می تلخ پر　　توان یافت مضمون الحق مُر

---

۱. شین = عیب.

***

بیا ساقی آن مایه ساز جوش / صدا پرور مطربان خموش
به مجلس درآور که خوانندهها / سرایند پهلوی سازندهها

***

بیا ساقی آن مشعل برق دود / که پروانه مهر کردش سجود
برافروز کز نور او شام تار / شود صبح بی منّت روزگار
بیا ساقی ای شوخ نزهت شعار / ایاغ طرب را به گردش درآر
ایاغی که از جلوه در انجمن / شود نکهت افشان چو گل در چمن

***

بیا ساقی بوته ساز طرب / می غم ز تو در گداز طرب
مغانت نخوانند تا خامکار / برین بوته از باده آتش گمار

***

بیا ساقی ای شوخ سرمست نام / به یکدست مینا، به یکدست جام
شبم تیره شد بسکه چون موی تو / نپرداخت روشنگر روی تو
ببین ظلمت شب، ایاغی بده / ز فانوس مینا، چراغی بده

***

بیا ساقی ای منبع آب و تاب / شب بزم را پرتوت ماهتاب
مکن فکر درگیر و دار ایاغ / که فکر توام میکند بیدماغ

***

بیا ساقیا طرف یاغی بگیر / به صهبا رسانی ایاغی بگیر
ایاغی که رنگین شود از مُلی / بود لالهای در میانش گُلی

***

بیا ساقی ای خضر مستان بیا / به کف جامی از آب حیوان بیا
بده می که طبعم دلیری کند / به شیر فلک پنجه، شیری کند

***

بیا ساقی ای کاروان نشاط / حریفانه بگشا دکان نشاط
میی ده ز خُم ساده چون آب زر / به فیروزهای گشته مینا سمر
به مینا درآور می پر جلا / که فیروزه را حسن بخشد طلا

***

بیا ساقی ای دلبر ماه نام   فروغ آزما شو ز خورشید جام
چو مینا ز شهر حلب آمده   ز شوق تو جانش به لب آمده

***

بیا ساقی ای ارغوانی شراب   که دارد شفق را فروغت کباب
ز رنج خمارم به تن درد بین   می سرخ ده، چهره زرد بین

عارف ایگی

سراج الدین حسن (یا حسین) فرزند غیاث الدین علی و متخلص به عارف در سال ۹۷۶ ه. ق. در ایگ به دنیا آمد و در سال ۱۰۲۸ در سن ۵۲ سالگی در مُلک بنگاله وفات یافت. گویا دیوانش حاوی حدود نه هزار بیت شعر بوده است. وی ۶۹ بیت ساقی نامه دارد.

بده ساقی آن آتش آب رنگ — کزین آب آتش ربوده است سنگ

میی چون زر و و آذر زرد هُشت — دهان مرا چون ز دینار مشت

***

به من ده درین جشن خرّم بهار — شرابی چو رنگ گل و بوی یار

به من ده، میِ همچو پولادِ هند — که طبعم حکیم است و شاه است و رِند

عبدالرحمن جامی

نورالدین عبدالرحمن ابن نظام الدین احمد بن محمد بزرگترین شاعر و ادیب قرن نهم هجری است. ولادت وی را در سال ۸۱۷ ه‍. ق. در خرگرد جام خراسان و وفات او را در سال ۸۹۸ ه‍. ق. و در شهر هرات ذکر کرده‌اند. از آثار منظوم او می‌توان به دیوان اشعار و هفت اورنگ و از تألیفات او به نثر فارسی می‌توان به: نقد النصوص فی شرح الفصوص، نفحات الانس، لوایح، لوامع و چند اثر دیگر اشاره کرد. ساقی نامه او شامل ۱۲۹ بیت می‌باشد.

بیا ساقیا زان می دلپسند // که گردد از او سفله همت بلند
فرو ریز یک جرعه در جام من // که دولت زند قرعه بر نام من

***

بیا ساقیا برگ عشرت بساز // مکن در به روی حریفان فراز
که از دولت شه چو کاووس کی // بگیریم جام و بنوشیم می

***

بیا ساقیا ساغر می بیار // فلک وار دور پیاپی بیار
از آن می که آسایش دل دهد // خلاصی زآلایش گل دهد

***

بده ساقی آن باده عیب شوی // که از خُم فتاده به دست سبوی
بده تا دمی عیب شویی کنم // درون فارغ از عیب جویی کنم

***

بیا ساقی آن جام غفلت زدای // به دل روزن هوشمندی گشای
بده تا زحال خود آگه شوم // به آخر سفر، روی در ره شوم
بیا ساقی آبی چو اخگر¹ بیار // نه می بلکه کبریت احمر بیار
که با مسّ ما کیمیایی کند // به نقد خرد رهنمائی کند

***

بیا ساقیا فکر آن باده کن // که دل را بسود از حیل ساده کن
بیک جرعه‌ام ساز زان، شیر گیر // خلاصی ده از مکر روباه پیر

---

۱. اخگر = پاره‌ی آتش، جرقه.

بیا ساقیا در ده آن جام صاف	که شوید ز دل رنگ و بویت گزاف
به هر جا که افتد زعکسش فروغ	به فرسنگها رخت بندد دروغ

***

بیا ساقی آن جام گیتی فروز	که شب را نهد راز بر روی روز
بده تا ز فکرآوران جهان	نماند ز ما هیچ فکری نهان

***

بیا ساقیا در ده آن جام خاص	که سازد مرا یک دم از من خلاص
ببرد ز من نسبت آب و گل	به ارواح قدسم کند متصل

***

بیا ساقی آن می که سیری دهد	در این بیشه‌ام زور شیری دهد
بده تا درآیم چو شیر ژیان	به هم بر زنم کار سود و زیان

***

بیا ساقی ای یار بیچارگان	از آن می که در چشم خونخوارگان
درین زرکش آیینه نقره کوب	از و بد نماید بد و خوب، خوب

***

بیا ساقی آن لعل محلول را	که زیرک کند غافل گول[1] را
بده تا نشینم ز هر جفت، طاق	دهم جفت و طاق جهان را طلاق

***

بیا ساقی آن آتشین می ببار	که سوزد ز ما آنچه ناید بکار
زر ناب ما گردد افروخته	شود هر چه بی زر بود سوخته

***

بیا ساقیا جام مردانه ده	بزن جام بر سنگ و پیمانه ده
زن آمد جهان غره زن مباش	برای زن اینسان فروتن مباش

***

بیا ساقیا در ده آن جام عدل	که فیروز آمد سرانجام عدل
بیا ساقیا آن بلورینه جام	که از روشنی دارد آیینه نام

---

۱. گول = ابله.

بده تا علیرغم آن خود نما   نماید خرد عیب ما را به ما
بیا ساقیا تا کی این بخردی   بنه بر کفم مایه بیخودی
چنان فارغم کن ز ملک و ملک   که سر درنیارم به چرخ و فلک

***

بیا ساقیا می روان ده مرا   سبک باش و جام گران ده مرا
به کف باده، در ساغر زر درآی   چو به داری از به، به بهتر گرای

***

بیا ساقیا زان می راوکی[1]   که صید طرب را کند ناوکی[2]
بده تا درین دام دل ناشکیب   ببندیم گوش از صفیر فریب
بیا ساقیا می به کشتی فکن   کزین موج زن بحر کشتی شکن
سلامت کشم رخت خود برکنار   وز این بیقراریم یابم قرار

***

بیا ساقیا رطل[3] رنگین بیار   که سازد سبکبار را بردبار
به رخسار امید رنگ آورد   به عمر شتابان درنگ آورد

***

بیا ساقیا تا به می برده پی   کنیم از میان قاصد و نامه طی
زنیم آتش از آه، هنگامه را   بسوزیم هم خامه هم نامه را

***

بیا ساقیا باده در جام کن   به رندان لب تشنه انعام کن
به هر کس که یک جرعه خواهی فشاند   نخواهد جز او در جهان با تو ماند

***

بیا ساقیا که آنکه فرزانه است   زده دست در دست پیمانه است
چو آرد غم مرگ بر دل شکست   نگیرد کسی غیر پیمانه دست

***

بیا ساقیا تا جگر خون کنیم   ازین می قدح را جگرگون کنیم

---

۱. ناوکی = شراب صاف، بی‌درد.
۲. ناوکی = منسوب به ناوک (ناوک = نوعی تیر کوچک)
۳. رطل = پیاله‌ی شراب.

که غمدیده را آه و زاری به است / جگرخواری از میگساری به است
بیا ساقیا جام دلکش بیار / می گرم و روشن چو آتش بیار
که تا لب بر آن جام دلکش نهیم / همه کلک و دفتر برآتش نهیم

عبدالنبی فخرالزمانی قزوینی

عبدالنبی فخرالزمانی فرزند خلف بیگ حدود قرن یازدهم در قزوین به دنیا امد. تخلصش در ابتدا عزتی و سپس نبی بود. تاریخ وفات وی مشخص نیست. از او است: تذکره‌ی میخانه – دستورالفصحاء – نوادر الحکایات یا بحر النوادر. وی دارای ۲۳۵ بیت ساقی نامه است.

بیا ساقی آن رشک آب حیات — که هستم گرفتار لات و منات
به من ده که تا بشکنم لات خویش — به هم برزنم زرق و طامات[1] خویش

***

بیا ساقی آن مایه‌ی اِشتُلم[2] — که سازد خرد تیره چون دُرِد خُم
از آن باده که آن مستی افزون کند — زبان و دل از دست، بیرون کند
بده تا شوم مرد میدان جنگ — زنم راستی بی‌محابا به سنگ
به مستی گشایم سر رازها — برآرم از این پرده آوازها

***

بیا ساقی آن باده لعل رنگ — که غم بر دلم جای بنموده تنگ
به من ده که تا من به مانند آب — کنم خانمان غم خود خراب

***

بیا ساقی آن آتش تر بیار — بیار آن فروزنده اختر بیار
میی کو چو خورشید روشن بود — به ابر غم دهر، دشمن بود
بده تا برون سازد از سینه غم — به هم برزند خان و مان اَلم

***

بیا ساقی آن شمع رخشان طور — بیاور که راهم دراز است و دور
به من ده که سامان رفتن کنم — سری در سر کار مردن کنم

***

بیا ساقی آن زاده تاک را — همان دشمن عقل و ادراک را
میی ده که از شیشه آید به جام — هوا گردد از پرتوش لعل فام

---

۱ . طامات = اقوال پراکنده.

۲ . اشتلم = خشونت، لاف پهلوانی زدن.

ز کیفیت آن می خوشگوار	فلک تا قیامت شود بیقرار
میی سربه سر مستی و بیخودی	به من ده که تا وارهم از خودی
شرابی به کیفیت لعل یار	که از سر برد عقل و از دل غبار
به من ده که در عشق بی‌مایه‌ام	بلندی ده از نشأاش پایه‌ام

❋❋❋

بیا ساقی آن باده‌ی رشک ماه	که شد همچو شب خانه دل سیاه
به من ده که تا من ز نور شراب	فروزان کنم شب چو روز شباب

❋❋❋

بیا ساقی آن جام گیتی نما	که شاید برم ره به سوی خدا
نه آن می که مردود رحمان شوم	نه آن می که مقبول شیطان شوم

❋❋❋

بیا ساقی آن آب آتش لباس	بیاور که دارم ز مردن هراس
به من ده که از مرگ بی‌غم شوم	نترسم اگر در جهنّم شوم

عتابی

حسن بیک عتابی فرزند بخشی بیگ تکلو از شاعران سده‌ی دهم و یازدهم در سال ۹۷۳ ه. ق. در هرات به دنیا آمد. وی در سال ۱۰۲۵ ه. ق. در قندهار یا لاهور و یا اجمیر درگذشت. از او است: مثنوی سام و پری، مثنوی ایرج و گیتی، منظومه‌ای به استقبال و بر وزن حدیقه سنایی، چند ساقی‌نامه، خمسه‌ای در جواب پنج گنج نظامی، غزلها و قصائد. ساقی نامه او ۷۸ بیت دارد.

بیا ساقی آن دشمن رنج را — بده تا در آرم به دل گنج را
بده ساقی اوّل می روشنم — که از پیل می بیخ غم برکنم
بده می که رخسار گلگون کنم — چو نی ناله از سینه بیرون کنم
بده ساقی آیینه عقل و هوش — که چون عکس تا چند باشم خموش
بده می که خاکم بدخشان شود — دلم در گِلم لعل رخشان شود
بده ساقی آن آب آتش مثال — کز اندیشه او بسوزد ملال
بده ز آب خشکم می چون گهر — که آتش زنم در غم خشک و تر
بده می که از نشئه معنوی — نهم خشت زر بر خُم خسروی
بده می که راز فلک را ز وی — توان دید زانسان که از شیشه می
میم ده که بگریزم از صبر خویش — دل خاره را سازم از ناله ریش

عرفی شیرازی

جمال الدین متخلص به عرفی فرزند زین العابدین و از نوادگان جمال‌الدین چادرباف است. وی در سال ۹۶۳ ه. ق. در شیراز متولد و در سال ۹۹۹ ه. ق. در لاهور وفات یافت. او که یکی از بهترین شعرای سبک هندی است دارای آثاری است مانند: دو مثنوی به تقلید از مخزن الاسرار و خسرو و شیرین نظامی، رساله‌ای صوفیانه به نام نفیسه، دیوان اشعار. ساقی نامه عرفی ۹۸ بیتی است.

بیا ساقی آن کوثر شعله خیز — بیاور به دریا، به کشتی بریز
بلغزان دلم را قدم در شراب — که در ورطه جوشش و اضطراب،
می و دل برآیند جوشان به هم — دو دریا فروشند طوفان به هم

***

بیا ساقی آن مست هنگامه ساز — که با نغمه بوسلیک[1] و حجاز[2]
برقصیم و هنگامه سازی کنیم — دمی لاله وش کاسه بازی[3] کنیم

***

بیا ساقی این تشنگی را بسنج — پس از آرزوی دل ما مرنج
که مستیم و ترک ادب می‌کنیم — ز جام تو بوسی طلب می‌کنیم

***

بیا ساقی آن شاهد خام سوز — صلاحیت آشوبِ اسلام سوز
به رقص آر، بی برقع و مقنعه — که خمیازه گیرد ره صومعه

***

بیا ساقی آبی به کشتم رسان — ز مستی به باغ بهشتم رسان
که گویم پس از شکر مستی و می — خوشا می که هستم قیامت ز پی

***

بیا ساقی اندیشه کار کن — به خم دست ساغر نگونسار کن
به می در زن این بکر سیماب ناب — بده صبح را غوطه در آفتاب

---

۱ . بوسلیک = مقامی از دوازده مقام موسیقی.
۲ . حجاز = مقامی از دوازده مقام موسیقی.
۳ . کاسه بازی = نوعی بازی با کاسه.

بیا ساقی از پرده عقلم بگیر
که تاب شبستان ندارد بصیر[1]
بده گوهر لعلی سومنات[2]
بخندان لبم را ز آب حیات

***

بیا ساقی آن می که حور بهشت
شراباً طهوراً[3] بنامش نوشت
به من ده که تفسیر آیت کنم
جگر تشنگان را هدایت کنم

***

بیا ساقی از لجّه‌ی[4] شیشه نام
برانگیز ابری کش از فیض عام
گهرسنج کفر و عمل دارِ دین[5]
برآیند ز آلایش آن و این

***

بیا ساقی آن آبروی کرم
بده تا بریزم به دیر و حرم
به هم کفر و دین آشنایی کنند
ز هم جذب دلها گدایی کنند

***

بیا ساقی آن چشمه آفتاب
که روی دو عالم از او یافت آب
بده تا بشویم در و بام دل
در آغاز بینم سرانجام دل

***

بیا ساقی آن مست ته جرعه نوش
ببر تا سر کوچه می فروش
که چون کعبه در سجده ای کرده گم
بسازد خراباتی از خشت خُم

***

بیا ساقی آن مشک پرور گلاب
که بر لعل عیسی زند آفتاب
به کام دل باغ داغم فشان
چو بیخود شوم بر دماغم فشان

***

بیا ساقی آن لعلی سومنات
میندیش از این عصمت بی‌ثبات
که پیمان عصمت در آب و گلم
شکسته پدید آمده چون دلم

---

۱ . بصیر = بینا.
۲ . سومنات = نام بتخانه‌ای در هندوستان.
۳ . شراباً طهوراً = شراب بهشت.
۴ . لجّه = عمیق‌ترین موضع دریا.
۵ . عمل‌دار دین = دیندار.

***

بیا ساقی آن آتشین خوی مست | که بر تارک¹ تو به ساغر شکست
به من ده که رنجور و دلخسته‌ام | به هر موی، دردی فرو بسته‌ام

***

بیا ساقی آن شمع قندیل روح | که روشن‌ترش کرده طوفان نوح
به من ده که تا من کنم سیر دل | شود روشنم کعبه و دیر دل

***

بیا ساقی آن مست فیروز جنگ | که مه را نهد در دهان پلنگ
بده تا درآرم قدم در رکاب | به فتراک² بندم سر آفتاب

***

بیا ساقی آن دلفریب نصوح³ | که همشیر لعل است و همزاد⁴ روح
به من ده که در عقد خویش آرمش | دو صد بوسه نقد، پیش آرمش

***

بیا ساقی آن شیر امّ الفرح | به دوری لبالب کن از وی قدح
که طفلی است هر توبه‌ام گریه ناک | لب هر یک از تشنگی چاک چاک

***

بیا ساقی آن چشمه زهرخند | که تلخیش ریزد حلاوت به قند
به من ده که کاوَد لبِ شادیم | تبسم بجوشد ز فصّادیم⁵

***

بیا ساقی آن شیشه صاف دوش | که نیمی ازو مانده رفتم ز هوش
بیا و بده ساغرم متصل | کز اندیشه آن دو نیم است دل

---

۱. تارک = کلاه خود، فرق سر
۲. فتراک = ترک بند.
۳. نصوح = توبه خالص که دیگر به گناه باز نگردد.
۴. همزاد = دوقلو، موجودی متوهم از جن که گویند با شخص در یک زمان متولد می‌شود و در تمام حیات با او همراه است.
۵. فصادی = رگ زنی.

برآر از ته شیشه هاروت[۱] را / که سحرش کند تشنه یاقوت را
بیا ساقی آن دره التاج[۲] لعل / به بخشید رنگش به گل تاج لعل
که سیراب سازم لب خامه را / گلستان کنم معصیت نامه را
بیا ساقی آن باطل السحر[۳] هوش / کز او ساغری کرده مأوای گوش
بیا ساقی آن شمع فانوس دل / که پروانه اوست ناموس دل
بده تا به رقص آورم جان مست / که پروانه نیم سوزیم هست

***

بیا ساقی آن خون بر من حلال / جگر سوز لعل و ممدّ سفال[۴]
به من ده که هستم سفالین گهر / نه یاقوتم از لعل سیراب تر

***

بیا ساقی آن آتش بیقرار / که بی جوششی میفشاند شرار
بیفشان درین سینه غمزده / بیفروز در کعبه آتشکده

***

بیا ساقی آن جرعه آتشین / بده تا کشم دست از کفر و دین
که اسلام آشوبی انگیخته / بسی آبروی مغان ریخته

***

بیا ساقی آن لاله باغ عیش / که بر جان ماتم نهد داغ عیش
به من ده که رنگین شود کار من / صد آرایش آرد به دستار من

***

بیا ساقی آن با خرد در نزاع / فشاننده آستین در سماع
به من ده که دستم به فرمان شود / سر آستین مست و غلطان شود

***

بیا ساقی آن بزم درهم شکن / ز نامحرمان پاکساز انجمن
انا الحق نمی‌گنجدم در نفس / بروب از رهم آتش خار و خس

---

۱ . هاروت = نام یکی از آن دو فرشته‌ایست که در چاه بابل سرازیر آویخته بعذاب الهی گرفتارند اگر کسی بر سر آن چاه به طلب جادوی رود او را تعلیم دهند.

۲ . درهٔ التاج = مرواریدی که بر تاج نصب کنند.

۳ . باطل السحر = باطل کننده‌ی جادو.

۴ . سفال = آنچه که از گل پخته سازند مانند جام و کاسه و غیره.

بیا ساقی آن فتنه روزگار / به من ده که چون بر دل آید سوار
به مغز دلم ترکتازی کند / به عقل جهانگیر بازی کند

※※※

بیا ساقی آن کوثر موج خیز / بیاور دمادم به کامم بریز
که گلگشت آتش کنم چون خلیل / شود شعله فواره سرسبیل

عزت اکبرآبادی

شیخ عبدالعزیز نوسرفراز معروف به عزت اکبر آبادی، اصلش از آکبراباد بود. وی شاعری بود نغزپرداز و فاضلی بود کامل که در سال ۱۰۹۱ هجری وفات یافت. لازم به ذکر است که عزّت، تخلص وی بوده است. او دارای ۵۷ بیت ساقی‌نامه است.

بیا ساقی ای نوبهار نشاط — طراوت فزای گل انبساط
خمارست خاری به دامان دل — گل نشأه کن در گریبان دل

***

بیا ساقی ای شمع بزم طرب — ز لطف تو روشن چراغ طلب
زمی بزم را رشک گلشن بکن — چراغی ازین آب، روشن بکن

عزت قاجار

سلیمان خان بن محمد خان قاجار قوانلو متوفی به سال ۱۲۲۰ ه. ق. خالوزاده آغا محمد خان بود. تخلص وی عزت و لقب او اعتضادالدوله بوده است. دیوان وی در کتابخانه کاخ گلستان موجود است. او دارای ۴۷ بیت ساقی‌نامه می‌باشد.

بیا ساقی آن باده خوشگوار — بده تا برآرم ز گردون دمار
از آن می که بخشد به دل روشنی — کند پاکم از عیب ما و منی

***

بیا ساقی آن آب خوشرنگ را — بده تا برد از دلم زنگ را
میی کو به دل شادمانی دهد — برد پیری و نوجوانی دهد

***

بیا ساقی آن آب آتش مزاج — به من ده که دلگریم از تخت و تاج
از آن می که چون در دلم ره کند — دلم را ز سرّ حق آگه کند

***

بده ساقی آن جام جمشید را — همان جام چون جام خورشید را
از آن می که خونها به جوش آورد — برد ننگ مستیّ و هوش آورد
به من ده که از کی حکایت کنم — ز جمشید و جامش روایت کنم

***

بده ساقی آن آب چون سلسبیل — که گردد مرا بر حقیقت دلیل
کند پای تا سر مرا روح پاک — شوم پاک از آلایش آب و خاک
بیا ساقی از قیدم آزاد کن — بده جامی و خاطرم شاد کن
بیا ساقیا جام لبریز کن — زمی آتش شوق را تیز کن
تو جامی پر از باده کن پیش از آن — که پیمانه‌ام پر کند آسمان

غزالی مشهدی

مولانا غزالی مشهدی، نخستین ملک الشعرای دوره‌ی تیموری هند، شاعری بود نکته سنج و مردی بود فهیم که گویند شانزده جلد کتاب تصنیف کرده است. وی در سال ۹۸۰ هجری در احمدآباد گجرات درگذشت و به فرمان اکبر شاه در سرگنج احمد آباد که مدفن پادشاهان و مشایخ است به خاک سپرده شد. اثار زیر از او است: منثورات: اسرار المکتوم – رشحات الحیات و مرآة الکنایات و منظومات: مشهد انوار – مرآت الصفات – قدرت آثار- مثنوی نقش بدیع – مثنوی عاشق و معشوق – مجموعه شعر – آثار الشباب. ساقی نامه او ۷۸ بیتی است.

بیا ساقی آن سیمگون جام ناب — که ماهی است روشن‌تر از آفتاب
بگردان که در زیر این بارگاه — شوم فارغ از گردش مهر و ماه

***

بیا ساقی آن جام عنبر سرشت — چراغ خرابات و شمع بهشت
بده تا دماغی معطّر کنم — زمانی چراغ طرب بر کنم

***

بیا ساقی آن گرد شوی غرور — که هر قطره‌ی اوست دریای نور
به من ده که روشن کنم رای خویش — وزین گرد شویم سراپای خویش

***

بیا ساقی آن جوهر بی خلل — که چون جوهر جان ندارد بدل
به من ده که از خاطر جوهری — جواهر فشانم به لفظ دری

***

بیا ساقی ان لعل رخشنده را — گرامی می فیض بخشنده را
به من ده کزین تیره خاک نژند — سرم را برآرد به چرخ بلند
بده ساقی آن جام خورشید را — درخشان می همچو خورشید را
چو خورشید رخشان کز او هر حباب — بود مطلع صد هزار آفتاب

***

بیا ساقی آن باده پاک را — که اکسیر اعظم کند خاک را
به من ده که خاک مرا زر کند — چراغ دلم را منوّر کند

***

بیا ساقی آن جام خورشید نور	می سلسبیل و شراب طهور
به من ده که هر قطره زان آتشین	بود خاتم عرشیان را نگین
بیا ساقی آن کیمیای وجود	فروزنده خورشید اوج شهود
به من ده که خورشید معنی شوم	چو خورشید عین تجلّی شوم

❊❊❊

بیا ساقی آن جرعه‌ی مشکبو	فرو گر شدم ریز بر من فرو
به آن باده آلوده تا شد تنم	ز آلودگی پاک شد دامنم

❊❊❊

بیا ساقی آن جام مشکین ختام	به من ده که گردد معطّر مشام
بده ساقی آن آتش دل نشین	دم باده نوشان از او آتشین
که رندان چو پیمانه خالی کنند	به یک جرعه یاد غزالی کنند

غیاث شیرازی

غیاث حلوایی شیرازی از اساتید غزل و قصیده و هم عصر میرزا نظام دستغیب بود. غیاث تخلصی نداشت و گویند در اواخر عمر به مرض آبله نابینا شد. ساقی نامه‌ی او دارای ۱۸۲ بیت است.

بده ساقی آن خصم آزرم[1] را همان جام گلگون خون گرم را
که از کار انجم گه داد و ده گشاید زهر قطره‌ای صد گره

***

بده ساقی آن آب آتش نسب گل باغ عیش و بهار طرب
ز صافّی این باده خوشگوار توان دید چون عکس در وی خمار

***

بده ساقی آن مهر انجم غلام که مهرش به رغبت فرستد سلام
شرابی منوّر چو رأی حکیم صُراحی از او آستین کلیم

۱ . آزرم = شرم و حیا.

غیاثای منصف

غیاث الدین علی اصفهانی متخلص به منصف و معروف به "غیاثا" از شاعران سده دهم و آغاز سده یازدهم است. مولدش اصفهان و سال وفاتش را سال ۱۰۱۲ یا ۱۰۱۹ ه‍. ق. ذکر کرده‌اند. وی دارای ۱۵۳ بیت ساقی نامه است.

بده ساقی آن زیور نوبهار   سحاب[1] صراحی ببارش درآر
از آن می که آتش بود آب او   بود نور خورشید مهتاب او

***

بیا ساقیا فکر نوروز کن   شب عید ما را به می روز کن
از آن می که رستم کند زال را   کند عید، سرتاسر سال را
بده ساقی آن باده شعله خو   که بتوان به دوزخ شدن بهر او

***

بیا ساقیا وعده تا کی بود   میی ده که نقلش هم از وی بود
عبث راه پر خوف عقبی مپوی   چو مشرب نداری ز مذهب مگوی

***

بیا ساقی آن راحت روح را   به طوفان غم کشتی نوح را
بده تا کنم پست افلاک را   رسانم به گردون سر خاک را
چه حاجت به تعریف دیگر بود   میی را که ساقیش حیدر بود
چو فردای محشر تویی عذرخواه   کم از طاعتی نیست حظّ گناه

***

بیا ساقی آن آتش نام و ننگ   بده تا زدایم ز آیینه زنگ
مغنی تو هم لحظه‌ای گوش شو   ز نیک و بد دهر، خاموش شو

---

۱. سحاب = ابر.

فانی کشمیری

شیخ محسن فانی، در اصل کشمیری بود و فاضلی متبحر و شاعری زبردست به حساب می آمد. وی در سال ۱۰۸۱ هجری دیده از جهان فروبست. از او است: دیوان اشعار – اخلاق عالم آرا – مثنوی‌های مصدر الآثار و ناز و نیاز و ماه و مهر و هفت اختر و گویا کتاب دبستان المذاهب نیز از آنِ او باشد. او دارای ۸۵۸ بیت ساقی نامه است.

بیا ساقی آن مایه‌ی صلح کُل — به من ده که خندان بنوشم چو گُل
کنم سیر گلشن چو آب روان — که بر طبع گلها نباشم گران

***

بده ساقی آن آتش نخل طور — که بزم حریفان شود باغ نور
روم در رگ تاکها همچو آب — ز هر جا بگیرم سراغ شراب

***

بیا ساقی آن آب انگور ده — که نقلش نباشد به از سیب و به
گذارم چو بر لب، لب جام خویش — ز هر میوه‌ای تر کنم کام خویش

***

بیا ساقی آن آتش می بیار — که حاجت نیفتد به آب خمار
به من ده که سوزد رگ و ریشه‌ام — کند خالی از خویش چون شیشه‌ام

***

بیا ساقی آن ساغر می بیار — که فصل خزان بهتر است از بهار
بهار اینچنین نشأه کی می‌دهد — درین موسم انگور نی می‌دهد
بیا ساقی از خواندن این کتاب — ورق را بگردان چو جام شراب
دواتی به دستم ده از جام می — که فصلی نویسم ز سرمای دی
به دستم ده از شیشه می قلم — که وصف زمستان نمایم رقم

***

بیاسای آن آتش آبدار — که باشد شبیه لب لعل یار
به من ده که وصف لب او کنم — به محراب ابروی او رو کنم
مرا سالها تشنه لب داشتی — لبش را بده با لبم آتشی

***

بیا ساقی آن آب آتش اثر	کز او دامن اهل دین گشته تَر
به من ده که من نیز بی‌دین نیم	چو مینا پرستار جام میم
بیا ساقی آن آب کهسار خُم	کزو سرخ شد رنگ رخسار خُم
به من ده کزان آب لب تر کنم	به وصف بط می سخن سرکنم

***

بیا ساقی آن باده عشقناک	که ته جرعه‌ی او سزد آب تاک
به من ده که آراستم انجمن	کنون لب گشایم به وصف سخن

***

بیا ساقی آن آبروی بتان	کزو شد به من بهلبان مهربان
به من ده که در وصف هر دلبری	نویسم به مستی ز می دفتری

***

بیا ساقی آن طوطی خوش کلام	که در بزم مینا شدش شیشه نام
به من ده کز او یاد گیرم زبان	کنم معنی نیشکر را بیان
بیا ساقی آن آب آتش زده	که سرچشمه او بود میکده
به من ده که از سر خُمارم رود	چو می در رگ و ریشه من دود

***

بیا ساقی آن کشتی باده را	که افکند بر آب سجّاده را
به من ده که از می وضویی کنم	ز مسجد به میخانه رویی کنم

***

بیا ساقی آن آب دریای چشم	کزو تر شد اول کف پای چشم
به من ده که دامان من تر شود	زهِ دامنم خطّ ساغر شود

***

بیا ساقی آن مایه بیخودی	که شد پخته در سایه بیخودی
به من ده که زائل شود هوش من	سبوی خودی افتد از دوش من

***

بیا ساقی آن جام صدق و وِداد	که دائم پر است از می اتّحاد
به من ده که بردارد از من دوئی	نیاید به چشمم منّی و توئی

فرسی شیدانی

عنایت الله فرسی شیدانی در شیدان از توابع شهرستان آباده فارس به دنیا آمد. او استاد در فن خطاطی نسخ و ثلث و تستعلیق و شفیعا بود و سالها در خدمت سلاطین به کار کتابت اشتغال داشت. وی همچنین شاعری خوش قریحه بود و مثنوی "نسب نامه‌ی قطبشاهی" که شامل پانزده هزار بیت است اثر طبع او است. ساقی‌نامه‌ی او ۱۱۳ بیت دارد.

بیا ساقیا باده آور برم   بزن آب بر شعله آذرم
نه آن می که رنج خمارم دهد   به مستی به بد روزگارم دهد
از آن می که اندیشه بارم کند   سراینده و هوشیارم کند

***

بیا ساقیا باده در شیشه کن   مرا تازه جان در رگ و ریشه کن
از آن می که آبش دهد جان مرا   بشوید تن از گرد عصیان مرا

***

بیا ساقیا سر برآور ز خواب   که بگشاد خورشید از رخ نقاب
به خواب گران از چه افتاده‌ای؟   مگر سیر از لعلگون باده‌ای؟

***

بیا ساقیا نیکویی پیشه کن   ز بد بگذر و باده در شیشه کن
چو نیکی کنی رستگارت کنند   وگر بد، همان بد به کارت کنند

***

بیا ساقیا از چه افتاده‌ای   مگر مست از لعگون باده‌ای
به هوش آی و جامی پر از می بیار   رهانم ز سرسام و رنج خُمار

***

بیا ساقیا مجلسی ساز کن   سر شیشه‌ی باده را باز کن
به من ده که بسیار افسرده‌ام   وز افسردگی سخت پژمرده‌ام

***

بیا ساقیا جام پر می بیار   وز آن آبم از آتش دل برآر
شرابی که اندیشه افزون کند   ز دل درد دیرینه بیرون کند
نه از آن شرابی که مستی دهد   غرور سر و خودپرستی دهد

بیا ساقیا بر فروزم دماغ		که می روغن است و دماغم چراغ
برافشان به روی من آب قدح		شبم روز کن ز آفتاب قدح

***

بیا ساقی آن جام پر می بیار		که مستی فزاید به گاه خُمار
به من ده که درمان دردم می است		حرارت ده آه سردم می است

***

بیا ساقیا باده در جام کن		مرا فارغ از رنج ایّام کن
میی کز شعاعش چو چشم خروس		نشیند به خون مهره سندروس [1]

***

بیا ساقیا سر برآور ز خواب		ببر از سر من خمار شراب
بیاور برم باده خوشگوار		بیا تا که گردم رها از خُمار

***

بیا ساقی آن راحت افزای روح		بیاور که گیرد به تن جای روح
بیاور که تا شادمانی کنم		به پیری نشاط جوانی کنم

***

بیا ساقی آن روح پرور شراب		که آتش ز رنگش برآید ز آب
فرو ریز در جام بیجاده گون		به من ده که بی می دلم گشته خون

***

بیا ساقی آن جام آور برم		کز او سوی نیکی گراید سرم
نه آن می که بنمایدم راه بد		بپیچد عنانم ز راه خَرد

***

بیا ساقیا شادمان پیش من		نگه کن به جان غم اندیش من
بپا خیز و جامی به پیش من آر		وزآب میم دل ز آتش برآر

---

۱ . سندروس = نارون.

فزونی استرآبادی

میر محمد هاشم بن جلال الدین نقاش معروف به فزونی استرآبادی و متخلص به فزونی در استرآباد به دنیا آمد. وی ساقی‌نامه‌ی خود را به نام شاه عباس به اتمام رساند. کتابی نیز از وی به نام بحیره موجود است. وی دارای ۹۱ بیت ساقی نامه است.

بیا ساقی آن زاده روح را — ز طوفان خلاصی ده نوح را
به من ده که یک لحظه دل خوش کنم — ازین دیده طوفان آتش کنم
از آن می که در شیشه چون جا کند — چو من شیشه را نیز شیدا کند
از آن می که بادش وزد چون بتاک — شود مست و بیهوش افتد به خاک

***

بیا ساقی آن جام جمشید را — به رقص آورِ صد چو ناهید را
به من ده که ناهید من روی تو است — دو صد همچو ناهید یک موی تو است

***

بیا ساقی آن آتشین آب را — طرب نامه بزم احباب را
به جوش آور خاطر سرد را — دواخانه جان پر درد را

***

بیا ساقی آن جام بیجاده را — طراوت ده عارض ساده را
به من ده که بس کار افتاده‌ام — خراب همین جام بیجاده‌ام[1]

***

بیا ساقی آن آب آتش اثر — که هر قطره او بود چون شَرر
به من ده که آتش پرستی کنم — چو مردان ره، ترک هستی کنم

***

بده ساقی آن جام! پر آتشم — که بر یاد جم جاه عادل کشم
خداوند شمشیر و جام و سریر[2] — چو آبا و اجداد، آفاق گیر

---

۱ بیجاده = عقیق
۲ سریر = تخت

فوجی نیشابوری

محمد مقیم متخلص به فوجی خلف ملاقیدی و برادرزاده نظیری نیشابوری شاعر خوش سلیقه و لطیفه‌پرداز قرن یازدهم بود. مولد او را اشتباهاً شیراز نوشته‌اند. از فوجی کلیاتی به جای مانده است.

بیا ساقیا لطف کن می بده   ز توبه گذشتم، پیاپی بده
سرپا زنم شیشه‌ی نام را   به دست آورم خاطر جام را

✳✳✳

بیا ساقی مجلس افروز من   بیا ای رخت صبح نوروز من
بده می که دی میکند اُشتلم[1]   خزیده است در کنج میخانه خُم

---

۱. اشتلم = پرخاش و داد و فریاد است.

فوقی یزدی

احمد ملقب به فوق الدین و معروف به ملافوقی یزدی از شعرای متین قرن یازدهم هجری است. با این حال اکثر اشعارش در فن هزل و حجا است. کلیات وی موجود است. ساقی نامه وی ۲۵ بیت دارد.

بیا ساقیا لطف کن آن شراب — که باشد جگر گوشه آفتاب
از آن می که گر غم شود تردماغ — ز غیرت نهد بر دل عیش داغ
به مغزش چنان جا کند بیغمی — که هر دم زند خنده بر خرمی

***

بده ساقی آن ریق انگور را — از او رونق آیینه نور را
شرابی که تیزد به ریش خرد — وز او چون سقرلاط [1] گردد نمد
به من ده که از عقل عریان شوم — چو دیوانه بی کفش و تنبان شوم

۱ . سقرلاط = پارچه‌ای نفیس به رنگ سرخ یا کبود.

فیاض لاهیجی

عبدالرزاق بن علی معروف به فیاض لاهیجی متکلم و حکیم ایرانی متوفی به سال ۱۰۵۲ هجری قمری داماد و شاگرد صدرالدین شیرازی بود. وی که در ادب و شعر و کلام دست داشت دارای آثاری است مانند: دیوان شعر (شامل پنج هزار بیت)، شوارق (در دو جلد در شرح تجرید الکلام)، گوهر مراد در کلام، شرح فصوص الحکم در تصوف (عربی)، شرح فصوص الحکم (به فارسی)، حدوث العالم و غیره. ساقی‌نامه فیاض ۳۲۵ بیت دارد.

بیا ساقی اسباب می ساز کن | سر خُم به نام خدا باز کن
نخستین به من ده که در میکشم | مناجات گویان بسر می‌کشم

***

بیا ساقی آن نور جام الست | به من ده که سر رشته از هم گسست
بیا ساقی آن باده نور رنگ | که تابش برد از رخ طور[1] رنگ

***

بده ساقی آن صیقل جام جم | کز آیینه دل برد زنگ غم
بده آن می تلخ شورش فکن | گه از صاف ساغر، گه از دُردِ دَن[2]

***

بده ساقی آن باده همچو روح | کلید شبستان صبح فتوح
شرابی ز خون گرم‌تر در مزاج | چو جان سازگار است با هر مزاج
بیا ساقی آن لای جام الست | که عقل کل از نشأت او است مست
به من ده که خون در تن من فسرد | رگ و ریشه‌ام پنجه غم فشرد

***

بده ساقی آن ساغر پر طرب | که دارم گروگان می جان به لب
از آن می که از خود خلاصم کند | به درگاه میخانه خاصم کند

***

بده ساقی آن مایه‌ی ناز را | می همچو آیینه‌ی راز را
که مقصود ازین ناله دانم که چیست | دل شیشه خون دانم از دست کیست

---

۱ . طور = نام کوهی.

۲ . دَن = خُم بزرگ.

بده ساقی آن آب روی مرا / همان مایه شستشوی مرا
کز آلایش توبه پاکم کند / اگر زهد ورزم به خاکم کند

***

بیا ساقی از می به وصلم رسان / به فرعم ببین و به اصلم رسان
بده می که قوّت فزاید مرا / شرابی که از خود رباید مرا

***

بده ساقی از آتش می نمی / کزین عالمم وا رهاند دمی
سوی آن وطن راه یابم مگر / که در غربتم سوخت خون جگر

***

بده ساقی آن جام اندیشه را / پریزاده خلوت شیشه را
بده می که کار از تعلّل گذشت / که سیلاب اندیشه از پل گذشت

***

بیا ساقی آن جام چون آفتاب / به من ده که افزایدم آب و تاب
میی ده که روشن شود دل از او / برافروزد این تیره محفل از او

***

بده ساقی آن آب آتش فروز / همان غم برانداز و اندوه سوز
بده می که درد جداییم کُشت / پریشانی و بینواییم کُشت

***

بده ساقی آن جام چون لاله را / کزو خوش کنم داغ صد ساله را
بده ساقی آن باده زورمند / که غم را تواند رگ و ریشه کند

***

بیا ساقی از روی احسان دمی / فشان بر من از آتش می نمی
به هم برزن اوراق دانایی‌ام / در آتش فکن رخت رعنایی‌ام
بشو ز آب می دفتر دانشم / که خاک عدم بر سر دانشم

***

بده ساقی آیینه جام را / پدید آور پخته و خام را
که بینم در او عکس رخسار خویش / برافشانم از خویش آثار خویش

قاسم سمنانی

میرزا قاسم سمنانی از جمله شعرای زمان شاه عباس ثانی است. در حینی که شاه عباس ثانی قدغن شراب کرده او ساقی‌نامه‌ای مرقوم نمود که مشتمل بر دویست و بیست بیت است و هر مصراعی از آن تاریخی است. او را مجموعه نظم و نثری است که موجود می‌باشد. از ساقی‌نامه او ۵۴ بیت باقی مانده است.

بده ساقی آن می که آرم چو شور	به آهی زنم آتش لا بطور
چو مستم بیا ساقی میگسار	بده یک زمانی کنم جان نثار

کوثری همدانی

میر عقیل طبیب همدانی متخلص به بزمی و بعدها به کوثری، شاعر، طبیب و فقیه ایرانی، فرزند میر ابوتراب علوی در قرن یازدهم هجری میزیسته است. تاریخ وفات او نیز معلوم نیست ولی مسلماً تا سال (۱۰۲۲ – ۱۰۲۴ ه. ق.)، زمان تألیف عرفات العاشقین، در قید حیات بوده است.

بده ساقی آن جام خورشید رنگ — که دارد فروغش ز خورشید، رنگ
که رنگم چو خورشید تابان کند — عروقم به تن شاخ مرجان کند

***

بده ساقی آن آب آتش مثال — که باشد در آیین عیسی حلال
کشم گر از آن باده چون رحیق — شوم با حواریّ عیسی رفیق
از آن باده‌ام جرعه‌ای کن نصیب — که بیخود شوم در طواف صلیب

***

بیا ساقی آن جام لعلی نشان — به من ده که دارم دلی خون فشان
که چون ره کند در رگ و ریشه‌ام — خلاصی دهد از هر اندیشه‌ام

***

بیا ساقی آن آب کوثر منش — که باشد از او روح را پرورش
مگر باز آرد جوانیّ من — دهد تازگی زندگانیّ من

***

بیا ساقی آن روح پرور شراب — به من ده که رفته ز من خورد و خواب
بده تا بگویم که این چرخ پیر — به خون ریختن از چه باشد دلیر
بیا ساقی آن باده خوشگوار — به من ده که از دست رفته است کار
مگر گیرد آرام یک دم دلم — که تسکین نمی‌یابد از غم دلم
مرا از می ناب مدهوش ساز — دل زارم از ناله خاموش ساز

گدایی

مولانا گدایی برادر فداخان و از ملازمان و ندیمان اوایل حال این سپهسالار (خان خانان) است شرح زندگانی او کاملاً مشخص نیست. ساقی نامه او ۹۹ بیت شعر دارد.

بیا ساقی اکنون که جشن سده است   دگر بار فتح در میکده است
بیار آن شرابی که شور آورد   فروزان چراغی که نور آورد
به من ده که راحت فزاید مرا   امید دل و جان برآید مرا

***

بیا ساقی از باده دل شاد کن   ز دور کیومرث و کی یاد کن
مرا ده که مردانه جنبش کنم   ز مستی چو مستان غرنبش [1] کنم

***

بیا ساقی آن آب حیوان نشان   که از نشأت آن چو خضرست جان
به من ده که از ظلمت غم رهم   که دیریست در راه غم گمرهم

***

بیا ساقی آن شاهد شب بیار   بیاد آور اهل مشرب بیار
چه شاهد که شب زنده‌دار آمده   غم روز را غمگسار آمده
به من ده که بسیار غم دیده‌ام   رخ بهجت و عیش کم دیده‌ام

***

بیا ساقی آن می به من ده که من   بگویم عیان بر سر انجمن
که مستم چنان از می من ربای   که از من نمانده است جز من ندای
بیا ساقی آن میوه مهر جان   کز و گرم گردد مرا مهر جان
به من ده که طبع آزمایی کنم   به اهل طرب آشنایی کنم

***

بیا ساقی آن یار دلسوز را   چراغ حریم دل افروز را
بیاور که من خود ز مأوای خُم   فروزم چراغ تک پای خُم

***

بیا ساقی آن می که هستی ازاو است   خدا بینی و حق پرستی ازاو است

---

[1] غرنبش = آواز بلند و هولناکی که از انسان و یا حیوان برآید

از او هر سر سبزه خضر آشنا است	از او دست موسی تجلیّ نما است
به من ده که سر سبز بویم چو خضر	به من تا کلیمی بجویم چو خضر

***

بیا ساقی آن لعل رخشنده را	غنا آور تاج بخشنده را
به من ده که بختم کند همرهی	کنم در لباس گدایی شهی

***

بیا ساقی آن شهد پالوده را	همان شاهد مستی آلوده را
چشانی مرا لذّت جام عشق	رسانی مرا بر زبان نام عشق

لسانی شیرازی

مولانا لسانی شیرازی، در شیراز متولد شد و در سال ۹۴۰ ه. ق. یا ۹۴۲ ه. ق. در تبریز وفات یافت و مدفنش در سرخاب قرار دارد. گویند صد هزار بیت شعر گفته که پس از مرگش توسط یکی از شاگردانش جمع‌آوری شد ولی این مجموعه به قدری بد بود که گویا به «سهوالسان» شهرت یافت. ساقی نامه او ناتمام و حدود ۱۹۲ بیت دارد.

بیا ساقی آن ارغوانی لباس — که ویران کند عافیت را اساس
به من ده که تا یک نفس درکشم — لباس سلامت ز سر برکشم

***

بیا ساقی ای سیم ساق شگرف — نصیحت دو حرف است و بشنو دو حرف
به خاک من افشان می مشکبو — چو بینی که در خاک رفتم فرو
که چون لاله از خاک سر برکنم — دماغی ز بویش معطّر کنم

***

بیا ساقی آن جنس بیجاده فام — که مانند بیجاده سازد رُخام[۱]
به من بخش و کام من آماده کن — رُخام مرا همچو بیجاده کن

***

بیا ساقی آن برق پشمینه سوز — که نورش چراغیست گیتی فروز
ز ابر کفت برگدازان که هست — گدایی تهی کیسه و تنگدست
که چون غنچه‌اش کیسه پر زر شود — پس از تنگدستگی توانگر شود

***

بیا ساقی آن صاف صافی نواز — که صافی نواز است و صوفی گداز
به من ده که صافی شود باطنم — که در ظلمت آباد غم ساکنم
بده می که می خانه سوز غم است — یکی از حریفان روز غم است

***

بیا ساقی از شیشه بردار مُهر — که ناخوش بود بر لب یار مُهر
بده می که مقصود مستان می است — مراد دل می پرستان می است

---

[۱] رخام = نوعی سنگ

بیا ساقی آن لعل زرّینه فرش   که کیفیّت آن رود تا به عرش
ز جام زرم ده که خوش درکشم   که چون سیم، از این دود در آتشم

✳✳✳

بیا ساقی آن جنس پاکیزه جسم   که جسم وی از شیشه دارد طلسم
به من ده که مخمور دیرین منم   بود کین طلسم کهن بشکنم

✳✳✳

بیا ساقی آن جام گیتی نمای   بگردان و رازی به گیتی نمای
که تا منکران کشف معنی کنند   در انکار می ترک دعوی کنند
که مستان چو گیرند ساغر بدست   بدانند اسرار رندان مست
بده می که میمیرم از بهر او   کرم کن که این است پازهر او

مایلی نیریزی

مولانا مایلی نیریزی در ایک یا نیریز، از توابع شهرستان فسای فارس، به دنیا آمد. وی در غزل‌سرایی ماهر و در کار هجو زبردست بود. وفاتش را در حدود سال ۹۸۲ هجری و در شهر شیراز دانسته‌اند. ساقی نامه او ۶۸ بیت دارد.

بده ساقی آبی از آن ساغرم — که از تشنگی سوخت جان در برم
به من ده که با دل می خوش زنم — شوم مست و آبی بر آتش زنم

***

بیا ساقی آن جام رخشان بیار — نشانی ز لعل بدخشان بیار
به من ده که در بزم اهل جنون — کنم چهره‌ی کهربا لعل گون

***

بده ساقی آن باده خوشگوار — که از دل برد جور و از جان قرار
که تا سر برآرم به دیوانگی — کنم در جهان کسب فرزانگی

***

بده ساقی آن می که از می فروش — به یک جرعه عقل و خرد بُرد هوش
بده تا شوم یکدم از خود برون — که دلگیرم از وضع دنیای دون

***

بیا ساقیا آن سهیل یمن[1] — به من ده به من ده به من ده به من
که در کار پیری جوانی کنم — رخ زعفران ارغوانی کنم
بیا ساقی آن آب آیینه رنگ — که از دل برد غصّه ز آیینه زنگ
به من جرعه‌ای از پی دفع غم — کرم کن کرم کن کرم کن کرم

***

بده ساقی آن باده‌ی پر فتوح — که یابند از او اهل دل فیض روح
که بر یاد یک جرعه زان آب تاک — هلاکم هلاکم هلاکم هلاک

***

بیا ساقی آن جام آب حیات — کزان جام یابند اسیران حیات
به من ده که در چنگ این چرخ پیر — اسیرم اسیرم اسیرم اسیر

---

۱ . سهیل یمن = ستاره‌ای در قطب جنوب که شبهای آخر تابستان دیده می‌شود.

بیا ساقی آن می که نسیان برد   چه نسیان که زنگ از دل و جان برد
بده تا زمانی نشینیم شاد   ز عمر تلف کرده آریم یاد

❋❋❋

بده ساقیا جرعه‌ای آب تاک   که ترسم برم حسرت آن به خاک
که از شاه و میر و گدا هر که مُرد   به جز حسرت از دار دنیا نبُرد

محبعلی سندی

محبعلی سندی فرزند حیدرعلی سمرقندی در سیوستان متولد و در تته سند رشد کرد. تاریخ وفاتش باید بعد از سال ۱۰۲۵ هجری قمری باشد. وی دارای ۸۱۷ بیت ساقی‌نامه می‌باشد.

بیا ساقیا کار از دست شد　　دلی بود، در کار غم پست[1] شد
فسونی ز نو باید انگیختن　　برو، خون هر جادوی ریختن

***

بیا ساقی آن اصل هستی بیار　　گل عشرت و برگ مستی بیار
نترسم ز غم، گرچه غم آتش است　　که دانم بلندی ز پستی خوش است
غم آسان کند کار غمدیده را　　چراغی بیاید به شب دیده را

***

بیا ساقی آن ساغر پر زمی　　تهی کن دماغم ز سودا[2]، چو نی
که چون نی، جدا از بن و بار خویش　　بنالم، که دارم دل و سینه ریش

***

بده ساقی آن می بر آواز رود　　که بر مستی دوش خواهم فزود
مغنی بیا کشف این راز کن　　به رویم در معرفت باز کن

***

بیا ساقی آن جام چون آفتاب　　فروزنده صبحِ عهد شباب
به من ده، که بس تیره دارم شبی　　گشایم مگر دیده‌ای، یا لبی

***

بیا ساقی آن طفل پوشیده مشت　　که دایه چو بریّد نافش، بکشت
بده تا بخاکش سپارم ز خون　　که دارم به دل نیز خاکی درون

***

بیا ساقی آن کبک طوطی زبان　　که منقار طوطیش رُست از دهان
برآور که گردد هم آواز من　　مرا باز دارد، ز پرواز من

---

۱ . پست = خوار و خفیف.
۲ . سودا = نوعی بیماری.

بیا ساقی آن سلک[۱] ناداده آب
که نورش تند پرده بر آفتاب
به من ده، که تا برگشایم کمند[۲]
بگیرم بدو این حصار بلند

***

بیا ساقی آن گوهر پاک را
که از جرعه دریا کند خاک را
برافشان به خاک جگر تشنگان
برافروزشان مغز، در استخوان

***

بیا ساقی آن لعبت سیم بر
که بر سیم پیرایه بسته ز زر
به من ده که گر چرخ بازیگر است
مرا هم ز تو بازیی در سر است

***

بیا ساقی آن می، که جان خاک او است
جهان جرعه جام نمناک او است
به من ده کز او عمر خود نو کنم
زمین بوس درگاه خسرو کنم

***

بیا ساقی آن چشمه سلسبیل
بکن در ره خان خانان سبیل
که چون هر کسی را سحابی رسد
من تشنه را نیز آبی رسد

***

بیا ساقیا بر سر کار خویش
که زیبد همه نخل را بارِ خویش
به شکرانه صاحب روزگار
جهان را بیارا، چو روی نگار

---

۱ . سلک = ناودان.

۲ . کمند = وسیله‌ی شکار، طناب.

محمد صوفی مازندرانی

محمد صوفی مازندرانی در آمل به دنیا آمد. او که شاعری برجسته و درویشی وارسته بود کتابی به نام بتخانه شامل شصت هزار بیت منتخب از اشعار قدمای زمان خود جمع‌آوری نموده است. گویند دیوانی نیز داشته است. وی در سال ۱۰۳۵ ه. ق. درگذشت. او داری ۲۷۱ بیت ساقی‌نامه است.

بیا ساقی آن شیر انگور را — همان زاده آتش طور را
بده تا بر آتش نهم عود خویش — بسوزانم این بود و نابود خویش

***

بده ساقی آن جام بی جسم را — همان معنی حرف بی اسم را
بده می که بنماید آیات من — عوارض کند دور از ذات من
فراق عزیزان بسی دیده‌ام — بسی ناموفّق پسندیده‌ام

***

بیا ساقی آن جان پالوده را — روان من محنت آلوده را
به من ده که جانم کمی می‌کند — تنم با زمین همدمی می‌کند

***

بیا ساقی اکنون که باد بهار — شنیدم که می‌گفت در لاله زار
کنون کز هوا آب شاید گرفت — همی داد از باده باید گرفت

***

بیا ساقی ار بی بها میدهی — شرابی به راه خدا میدهی
به من ده که بس بینوا مانده‌ام — ز دوران میخانه وا مانده‌ام

***

بده ساقی آن می که جوش آورد — زمین و زمان در خروش آورد
از آن می که در خُم چو گیرد قرار — خُم آتش برآرد ز دل چون چنار
بده ساقی آن آبروی مرا — همان مایه گفتگوی مرا
مرا گر چه ره نیست در بزم دوست — نخواهم رسیدن هم آنجا که اوست

***

بیا ساقی آن مرکب روح را — همان جام چون کشتی نوح را

به من ده که راهم دراز است و دور — درین ره نشاید جز از می ستور
بده ساقی آن آب آتش گداز — می کبریا سوز مسکین نواز
از آن می که خورشید گریان کند — ز تَف[1] زهره بر چرخ بریان کند
بده باده ساقی که سِر گفته شد — همان درّ ناسفتنی سفته شد
مگر پرده بر روی کار آورم — ز نا اهلش اندر حصار آورم
بده می که رنج خمارم بکشت — غم و غصه روزگارم بکشت

***

بیا ساقی آن آفت جهل را — پدید آور اهل و نا اهل را
بده تا بدانم که من کیستم — کدامم ز نیک و ز بد چیستم
بده تا بدانم که گردون دون — چرا می‌رود روز و شب سرنگون
بده تا بگویم که این روزگار — چرا نیست با بخردان سازگار

***

بده ساقی آن باده ناب را — همان باده همچو مهتاب را
بیا ساقی امروز وامی بده — به ساقی کوثر که جامی بده
علی آنکه یزدان علیم[2] وی است — دو عالم دو کفّ کریم وی است
ز میخانه او فلک یک خُم است — بر اندام او قطره‌ها انجم است[3]
روانم به مهرش چنان شادمان — که عالم به خورشید و قالب به جان
ز هر بد پناهم به درگاه اوست — شب عمر من روشن از ماه اوست

***

بده باده ساقی که بگذشت شب — مغنّی چرا باز بسته است لب؟
نه هنگام خاموشی و خفتن است — که هنگام آشفتن و گفتن است

***

بده ساقی آن باده لعل فام — که آتش زند در غم ننگ و نام
بروید ز صحن دل اندیشه را — کند چون کف دست خود شیشه را

***

---

۱ . تف = گرما، حرارت.
۲ . علیم = دانا
۳ . انجم = ستارگان

بده ساقی آن آتش آبدار — همان آب چون آتش تابدار
هم از معجز پیر دُردی کش است — که یک جزء، هم آب و هم آتش است
بسی گفته شد گرچه در وصف می — نشد گفته یک شمّه[1] از حال وی
بده باده ساقی که جانم بسوخت — غم روزگار استخوانم بسوخت
بده می که آن شاهد بی‌حیا — نکرده است با هیچ عاشق وفا
بده می که غم آتشی می‌کند — ز تن جان من سرکشی می‌کند
بده می که این آسمان بی‌گمان — به خونریز ما، بسته زه بر کمان
بده می که عالم خیال است و خواب — همه تشنگانیم و گیتی سراب

***

بده ساقی آن قوت جان مرا — مرنجان دل ناتوان مرا
که گر من دل و دیده ناخوش کنم — جهان را پر از آب و آتش کنم
بیا تا نشینیم برطرف[2] جوی — کنیم از غم یکدگر جستجوی
به می عقل را لاابالی کنیم — مگر سینه از غصّه خالی کنیم

***

بیا ساقی امروز بی قال و قیل — بده باده چندان که دریای نیل
بده ساقی امروز من بی‌حساب — نداریم برگ حساب و کتاب

---

۱ . شمه = قسمتی.
۲ . طرف = کنار.

مرشد بروجردی

مرشد بروجردی ملقب به "مرشد خان" از شاعران پارسی گوی سده یازدهم در هند بود. وی که فردی صاحب اراده و نیک اندیش بود در سال ۱۰۳۰ هجری بدرود حیات گفت. او ۱۲۰ بیت ساقی نامه دارد.

بیا ساقی از بهر دفع خُمار — شراب از خُمی ده به مستان زار
که باد ار گذاری به آن خُم کند — ز مستی ره دشت را گم کند

***

بیا ساقی آن مایه بیغمی — طراوت ده گلشن خرمی
به من ده، که تا در جهان آمدم — دمی صد ره از غم به جان آمدم

***

بیا ساقی آن آب تزویر شو — به من ده که تا گردد از فیض او:
حدیثم سراسر چو دُّرِ خوشاب[1] — کلامم همه دعوت مستجاب
بده ساقی آن آفتاب مُغان — که گلزار دین خشک گردید از آن

***

بیا ساقی ای یار دیرینه‌ام — کرم کن شرابی که در سینه‌ام:
دل از دست غم در فغان آمده — غم از تنگی دل به جان آمده

***

بیا ساقی آن آتش بی دُخان[2] — که هنگامه شوق شد گرم از آن
بده تا بدان شعله پر شرر — بهر سو فروزم چراغ دگر
بده می که از هجر جام و سبو — دلم آنچنان کرده با ناله خو
که تا محشر از بعد مرگم ز خاک — نخیزد به جز ناله دردناک

***

بیا ساقی آن باده لاله گون — که چون اشکم آلوده آید به خون
به من ده که خون خوردنم آرزو است — به تنگم ز جان، مردنم آرزو است

***

---

۱ . خوشاب = آبدار و خوش آب.

۲ . دخان = دود.

بده ساقی آن باده شعله پوش	که در ساغر از عکسش آید خروش
مگر آتشی در درونم زند	چو گل جامه در موج خونم زند
بده می که چون شعله عریان شوم	چراغ دل می پرستان شوم

بده ساقی آن جام طاقت گداز	که لب را گشایم به افشای راز
کیم من؟ غریبی جگر خواره‌ای	ز مُلک وجود خود آواره‌ای

***

بده ساقی آن مایه سوزِ حجاب	که بر دارد از روی شرمم نقاب
مگر اندکی از غم خویشتن	بگویم به آن یار پیمان شکن

***

بده ساقی آن جام لبریز را	همان شعله آتش تیز را
که در خرمن پارسایی زنم	پس آنگه دم از آشنایی زنم

مجذوب تبریزی

شرف الدین میرزا محمد بن محمد رضا تبریزی مجذوب از علمای معروف قرن یازدهم هجری است. این میرزا محمد مجذوب غیر از حاجی محمد جعفر خان قراگوزلو متخلص به مجذوب است که در تاریخ ۱۲۳۹ در تبریز وفات کرده و در مقبره سید حمزه مدفون است. متأسفانه دیوان مجذوب تبریزی دو نوبت در تهران به نام مجذوب قراگوزلوی کبوترآهنگی همدانی به چاپ رسیده است. از او است: مثنوی شاهراه نجات و رساله تأییدات. ساقی نامه او ۱۱۰ بیت دارد.

بده ساقی آن کیمیای وجود — که ظاهر کنم تا کدام است جود
نه همّت همین سیم و زر دادنست — که همّت به راه تو سر دادنست

***

بده ساقی آن آب آتش مزاج — که افسردگی را همان شد علاج
خبر نیست از دل، دل افسرده را — کجا نشأت جان بود مرده را!!؟

***

بده ساقی آن آب گلنار رنگ — که مشتاق صلح است و بیتاب جنگ
صلاح خرد گرچه در صلح ماست — جنون را ولی با خرد جنگهاست

***

بده ساقی آن آب هنگامه دوست — که فیروزی نیّت خیر از او است
دل خسته را چاره از غیر نیست — دعایی به از نیّت خیر نیست

***

بیا ساقی آن جام آیینه فام — کزو یافتنی دولت جم نظام
به من ده کزو اذن حاصل کنم — نظر بر رخ دولت دل کنم

***

بده ساقی آن آتش لعل فام — کزو کار دیوانگی شد تمام
به دیوانگی ذوق صهبا خوش است — که شور جنون هم دو بالا[1] خوش است

---

۱ . دوبالا = دو برابر.

مرعشی شوشتری

میر علاءالملک بن میر نورا... مرعشی شوشتری از فضلای راغب به شعر ایران بود. از تصانیف او است: مهذّب در منطق، انوار الهدی در علم الهی، صراط الوسط در اثبات واجبها و غیره. ساقی نامه او حدود ۲۲۸ بیت دارد.

بیا ساقی می پرستان، بیا | بیا راحت روح مستان بیا
می ده که از تاب آن تب کنیم | به بتخانه آرایش لب کنیم

***

بده ساقی آن لاله‌ی سبزه پوش | که باغ آمد از لاله و گل به جوش
بیا تا به پیمانه پیمان کنیم | به جامی گرو جامه جان کنیم

***

بیا ساقی ای مست جام فرح | به دستی صراحی به دستی قدح
صراحی چه؟ سروی قد افراخته | که گُل بر سر او شود فاخته

***

بیا ساقی ای آفت عقل و هوش | بده می که از غم دل آمد به جوش
چه می؟ آتش خانه عقل و دین | که سرمایه دارد ازو مهر و کین

***

بیا ساقی بزم مستان، بیا | بیا زینت باغ و بستان، بیا
بیا تا به میخانه ره سر کنیم | لب از باده گرم و تر، تر کنیم
بیا ساقی ای مایه بخش فرح | ز خورشید پُر ساز ماه قدح
دل تیره را برفروز از شراب | بده غوطه[1] شب را در این ماهتاب
بیا ساقی ای آتش زهد سوز | بیا ای مه تیره شب، مهر روز
برافروز از باده روز مرا | ازین شعله ده ساز، سوز مرا
بیا ساقی ای مهر پرتو نقاب | بده جامی از ارغوانی شراب
به می چهره چون ارغوانی کنم | چو بخت جوان نوجوانی کنم
بده می که آزاد گردم ز غم | برآریم شادی ز کنج اَلم

---

۱ . غوطه = فرو رفتن در آب.

بیا ساقی حوض کوثر بیا   بده جام کامی به این بینوا
به جامی کنی گر مرا ارجمند   بسان صُراحی شوم سر بلند

مشفقی بخارایی

ملا کمال الدین (عبدالرحمن) مشفقی بخاری در سال ۹۴۵ ه‍. ق. در بخارا متولد و در سال ۹۹۴ یا ۹۹۶ هجری در همان شهر دیده از جهان فرو بست. وی را در قصیده سلمان عصر خود می‌دانستند و دارای آثاری است مانند: جهان نامه – دیوان قصاید – گلستان ارم – دیوان غزلیات. ساقی نامه او ۱۶ بیت دارد.

بیا ساقی آن آب کوثر مآب   که زد طعنه بر چشمه آفتاب
به من ده که آبی برآتشم زنم   درین صبح پیری دمی خوش زنم

※※※

بیا ساقی آن باده محترم   ز خمخانه قدس و دیر قدم
به من ده که در بزم افلاکیان   قدم مانم از عرصه خاکیان

※※※

بیا ساقی آن لعل یک پاره را   که یاقوت رخشان کند خاره را
به من ده که آن نور چشم چراغ   بود بهتر از گوهر شب چراغ

※※※

بیا ساقی آن نایب جام جم   به زیر نگین از عرب تا عجم
به من ده که بازوی زوری دهد   بساط سلیمان به موری دهد

※※※

بیا ساقیا زان مسیح طرب   که از مریم تاک دارد نسب
به من ده که یاقوت ترساوشی   فکنده است در جان من آتشی

معلوم تبریزی

محمد حسین بیگ معلوم متخلص به تبریزی از تجار و بازرگانان زمان خود بود. از وی که طبع شعری داشت دیوانی دیده شده است. سال وفاتش احتمالاً سال ۱۱۰۷ ه. ق. است. ساقی نامه وی ۱۳۰ بیت دارد.

بیا ساقی آن طرفه آبم بده — زمی توبه دارم شرابم بده
بده می که چون نشأه در می گُمم — بجای فلاطون این نه خُمم

***

بیا ساقیا وقت تأخیر نیست — خرابات ما کم ز کشمیر نیست
به جامی مرا مست پیمانه کن — زیادت دلم را پریخانه کن

***

بیا ساقی ای یار دیرین من — می تلخ من، جان شیرین من
بده راحت جسم و جان مرا — به می سوده کن استخوان مرا

***

بیا ساقی لاابالی بیار — فرنگی می پرتگالی[1] بیار
به من ده که برهم خورد هستیم — شود عقل دیوانه مستیم

***

بیا ساقی ای مایه زندگی — که دایم بود با تو پایندگی
بده می که هم می ندیم من است — می کهنه یار قدیم من است

---

۱ . پرتگالی = شراب معروف کشور پرتقال که نوعی می پخته است.

ملهم کاشانی

میر عبدالهادی کاشانی در جوانی متخلص به هادی و در اواخر عمر ملهم تخلص می‌کرد. گویند علاوه بر مجموعه غزلیات و مثنویات کتابی به نام میخانه شامل ساقی‌نامه شعرا داشته است. ساقی نامه وی ۱۹۳ بیت دارد.

بیا ساقی آن باده بی‌خمار	که دارد از او نشأه چشمان یار
از آن قطره‌ای ریز بر جان من	که گردد دلم فارغ از قید تن
از آن می که چون نوشد از وی خرد	نداند کسی را بجز خویش بد
از آن می که در دل سرور آورد	ستاند غرور و حضور آورد
از آن می به بُستان کند گر گذار	خزان، گردد از نشأه او بهار

***

بده ساقی آن باده روح را	که آرد برون کشتی نوح را
از آن می که نور است در چشم جان	به دلها دهد لذّتی هر زمان

***

بده ساقی آن عالم سوز را	صفابخش حسن دل افروز را
به من ده از آن شعله بی‌دخان	که سوزد ز وصفش زبان بیان

***

بیا تا ز ساقی نشانت دهم	از آن باده بیهشانت دهم
از آن می که آرد به دل درد دین	برد شک ز ساقی ستاند یقین
بیا ساقیا جرعه‌ای ز آن شراب	چشان تو برین بی دلان خراب
که گردند آگه ز اسرار هو	شود جانشان فارغ از جستجو
بده ساقی آن باده لعل رنگ	که آتش برون آرد از جان تنگ
به یک نشأه دل را سمندر[1] کند	چو دود از سر شعله سر برکند

***

بده ساقی آن جام لبریز را	فروزنده آتش تیز را
از آن می که آتش به جان افکند	سراپای تن را سمندر کند

---

۱. سمندر = جانوری که به اغراق گویند در آتش نمیسوزد.

بیا ساقی آن شربت لعل رنگ — که بزداید از سینه‌ها نقش زنگ
به من ده که افتاده‌ام از مَحن — چو یعقوب بی دل به بیت الحَزن

***

بیا ساقی آن آب آتش مثال — که دیوانه را آورد او به حال
به من ده که باری به هوش آردم — چو مرغ چمن در خروش آردم

***

بده ساقی آن ارغوانی شراب — که گشته دلم ز آتش غم کباب
از آن باد گر من به دست آورم — به مینای گردون شکست آورم

***

بیا ساقی آن باده مشک بو — که چون خون عاق بود سرخ رو
بده بر من او را که چون مهر و ماه — به گردون زنم خیمه و بارگاه

***

بیا ساقی آن می که گلگون بود — چون خون جگرهای محزون بود
بده تا چو مرغان من از یک نفس — زنم برهم این آشیان قفس
به گلشن درآیم خرامان[1] شوم — به نعت الهی غزلخوان شوم

***

بیا ساقی آن باده پر سرور — که خوانند نامش شراب طهور
بده تا که این جامه را شق زنم — شوم مست و هر دم اناالحق زنم

***

بیا ساقیا پرنما یک قدح — از آن می که بر دل رساند فرح
بده تا بنوشم درین روزگار — که دیگر پس از من نیاید به کار

***

بیا ساقیا نوبت ماست حال — که خورشید جان کرده رو در زوال
غرض ساقی از این سرا دور در — چو باید گذشتن، به مستی گذر
بده جامی از باده ارغوان — که تا مست بیرون روم زین جهان

---

۱ . خرامان = راه رفتن با ناز و تکبر.

موالی تونی

موالی تونی طبیب حاذق و شاعر متوسط معاصر با شاه نورالدین نعمت الله باقی یزدی، شیخ نامدار زمان شاه طهماسب، بوده است. دیوان مختصری حاوی حدود دو هزار بیت از وی بجا مانده است. سال وفاتش را ۹۴۹ هجری ذکر کرده‌اند. ساقی نامه او ۲۱ بیت دارد.

بیا ساقی و پای نه در چمن	بیارای چون گل تو نیز انجمن
بهار است، بی جام گلگون مباش	تهی کاسه چون لاله در خون مباش
بیا تا به هر وجه و صورت که هست	بیاریم ما نیز جامی به دست

میر ابوطالب فندرسکی

میر ابوطاب ابن میرزابیگ موسوی فندرسکی استرآبادی اصفهانی متخلص به ابوطالب، فاضلی نامدار و شاعری پرکار و منشی توانای قرن ۱۲ ه. ق. و از شاگردان علامه مجلسی بوده است. از تألیفات او می‌توان به ترجمه فارسی شرح لمعه شهید، حاشیه‌ی تفسیر بیضاوی، منظومه غزوات حیدری، المنتهی در نجوم، نگارخانه‌ی چین و... اشاره نمود. وی ۵۵۱ بیت ساقی نامه دارد.

بیا ساقی ای سرو نسرین عذار　　بیا ساقی ای غیرت نوبهار
بیا تا گذر بر گلستان کنیم　　چو شبنم صبوحی به بُستان کنیم

***

بیا ساقی آن باده لعل فام　　که دُردش شفق می رساند به شام
به جام بلوری ز مینا بریز　　در آن مه سهیل از ثریا بریز
سهای[1] توام، رطل[2] خورشید ده　　گدای توام، جام جمشید ده

***

بیا ساقی ای طره‌ات مشکبیز　　ز عکس رخت خاک، یاقوت خیز
شب قدر عاشق به زلف سیاه　　به طرف بناگوشِ صبح نگاه

***

بیا ساقی ای تلخ شیرین گوار　　که لعلت بر او کرد شکّر نثار
به من ده که از شور بختی مدام　　تُرش رویی ای داردم تلخکام

***

بیا ساقی ای غارت عقل و هوش　　رخت را حیا کرده گلنار پوش
مکن خون فشان چهره از آب شرم　　بیفروز رخ از نگه‌های گرم
بیا ساقی ای سرو چابک خرام　　بیا ساقی ای رشک ماه تمام
بیا ای ز رخسار گلفام تو　　شفق خیز از شام تا شام تو

***

بیا ساقی ای مایه دلبری　　بیا ای خرامنده کبک دری
ز مینا برافشان به ساغر درآر　　که شد کبک دل باز غم را شکار

---

۱ سها = ستاره معروف باریک در بنات النعش

۲ . رطل = پیاله‌ی شراب.

بیا ساقی ای راحت جان من | غم و شادی و درد و درمان من
دلم بر لبت داشت زآنرو مدار | که شیرین کند تلخی روزگار

***

بیا ساقی ای آتش افروز دل | بیا ای ز هجرت سیه، روز دل
عجب آتشی در دل افروختی | اگر ساختی، عاقبت سوختی
ز خوناب دل رفته پایم به گل | چه کردی، چه کردی تو ای سنگدل؟!

***

بیا ساقی ای مایه آرزو | دلم با خیال تو در گفتگو
بکن التفاتی به جام شراب | که با یار از غیبتم در خطاب

***

بیا ساقی ای ماه تابان بیا | به رفتار عمر شتابان بیا
دل خسته و رنگ زردم ببین | جگر سوزی آه سردم ببین

***

بیا ساقی ای سرو آزاد من | بیا ای خرامنده شمشاد من
بیا ای خیالت به هر آمدن | پیام آور از روح سوی بدن
به راه توام دیده انتظار | چو نقش قدم مانده بر رهگذار

***

بیا ساقی ای باغ نسرین من | بیا ساقی ای ماه و پروین من
به ساغر بریز ارغوانی شراب | هلال از شفق پرکن ای آفتاب
که دارد دلم باغ غم بیکران | ز شبهای تاریک چون آسمان

***

بیا ساقی ای رشک ماه تمام | دم صبح پر کن چو خورشید جام
از ان آبگون پیکر شعله پوش | بیان آفرینِ زبان خموش
بده تا ز جوش دل شعله زا | چو غنچه گشایم زبان صبا

***

بده ساقی آن ساغر لاله گون | که کشتی دل را به دریای خون
که امروز در تاب بی‌تابیم | به بحر دل خویش، گردابیم

بیا ساقی ای صبح امید من   به شب ماه و در روز خورشید من
زجاجی¹ قدح زان می زرناب   به لبریزی صبح از آفتاب
به من ده که در صبح امید من   درخشید تابنده خورشید من

❋❋❋

بده باده ساقی که آمد بهار   به رنگین قدح دست چون گل برآر
بده می که امشب شب قدر ماست   شب چهره آرا، می بدر ماست

❋❋❋

بیا ساقی آن جام گلرنگ را   گشایش دِه خاطر تنگ را
به من ده که امروز از بس طرب   چو گل دارم از خنده لبریز، لب

---

۱. زجاجی = شیشه‌ای.

میرزا شریف جهان قزوینی

میرزا اشـرف جهان قزوینی فرزند میر نوالهدی ملقب به قاضـی جهان وزیر اعظم ایران در عصـر شاه طهماسب صفوی، از شعرای بنام و از علمای متشرع عصر خود بود. وفات وی را در سن ۵۶ سـالگی و در سـال ۹۶۸ در قریه ورس از توابع قزوین نقل کرده‌اند. سـاقی نامه وی ۱۳۳ بیت دارد.

بده ساقی آن آب آتش وشم	بریز آتشی بر سر آتشم
که چون کوزه نوبر آرم خروش	می از گرمی من درآید به جوش

***

بیا ساقی آن آب یاقوت رنگ	کزو لعل گردد به فرسنگ سنگ
بده تیرگی از دلم دور کن	دل تیره‌ام را پر از نور کن

***

بیا ساقی آن تند سرکش بیار	کمیتی[1] که داری به میدان درآر
چو گلگونِ می سوی میدان شود	دو اسبه غم از دل گریزان شود

***

بیا ساقی آن زعفرانی شراب	که جامش سزد ساغر آفتاب
چو ریزی به جام آن می زرد فام	تراود چو گاورسه[2] زر ز جام

***

بیا ساقی آن خون رنگین تاک	که خون غم و غصه ریزد به خاک
به من ده که از دور گیتی مدام	درین بزم خون می‌خورم همچو جام
برافروز از باده‌ی لعل، جام	که شد صحن باغ از خزان لعل فام

***

بده ساقیا تا بجوشم چو می	برقصم چو دیوانه بی‌چنگ و نی
بیا ساقی آن بکر مستور را	همان مایه‌ی شادی و سور را
به من ده که عقلش بکابین دهم	وزین پشت کوژ جهان وارهم
بده باده و ترک اندیشه کن	خرد را که دیو است در شیشه کن

---

۱ . کمیت = اسب سرخ یال و دم سیاه و نیز به معنی شراب لعل انگوری که بسیاهی زند می‌باشد.

۲ . گاورسه = حبه‌ای که از سیم سازند به اندازه یک ارزن.

✷✷✷

بیا ساقی آن آب زرین حباب / که باشد حبابی از او آفتاب
به من ده درین کاخ فیروزه رنگ / به فیروزی شاه فیروز جنگ

میرزا غازی وقاری

میرزا غازی ترخان از شعرای بزرگ زمان خود محسوب می‌شد. وی که دارای طبیعی کریمانه و بسیار سخاوتمند بود، وقاری تخلص می‌کرد. صاحب میخانه دیوان او را مشتمل بر پنج هزار بیت عنوان کرده است. او عاقبت در سن ۲۵ سالگی و در سال ۱۰۲۰ هجری در قندهار درگذشت. ساقی نامه وی ۸۸ بیتی است.

بده ساقی آن نوشداروی روح	برغم دل زاهدان در صبوح
که تا چهره خویش گلگون کنم	ز حسرت دل لاله را خون کنم
به من ده که تا باز هویی زنم	سراپرده بالای جویی زنم

میر غروی کاشانی

میر غروی کاشانی، متولد کاشان و متوفی در سند هندوستان است. گویا دیوانی از وی دیده شده است. همچنین لازم به ذکر است که او گاهی غروری و گاهی برهان تخلص می‌نمود. وی دارای ۱۴۱ بیت ساقی نامه است.

بده ساقی آن حاصل عشق را	همان مرشد کامل عشق را
از آن می که نابود را هستی است	خرد را ز وی نشأت مستی است

میرزا قاسم گونابادی

محمد قاسم فرزند امیر سید جنابدی، مشهور به میرزا قاسم و متخلص به قاسمی در جنابد (گوناباد) دیده به جهان گشود. او که استاد در مثنوی بود، به دستور شاه طهماسب صفوی، کتابی منظوم بنام شهنشاه نامه را به رشته‌ی تحریر درآورد که حاوی نه هزار بیت شعر است. وی همچنین صاحب کتابی به نام لیلی و مجنون، حاوی دو هزار و پانصد و چهل بیت شعر است. تاریخ وفات او را سال ۹۸۲ هجری ذکر کرده‌اند. از دیگر آثار او می‌توان به کتابهای کارنامه و خسروشیرین اشاره کرد.

بیا ساقی آن نو خط گلعذار — به سبزه برآرسته لاله زار
خزان است، می ده مرا پیش از آن — که همچون بهاران نماند خزان

***

بیا ساقی آن راحت روح را — مداوای دلهای مجروح را
به من ده که رنجورم و ناتوان — گل زرد من کن به می ارغوان

***

بیا ساقیا باده آماده کن — ز لعل لبت نقل آن باده کن
از آن نقل و می دور از اغیار ده — ولی می کم و نقل بسیار ده
از آن می ببر گرد غم از دلم — وزین نقل کن مست و لایعقلم
به زهر شرابم سرافکنده کن — ببر جان ز نقلم ولی زنده کن

***

بیا ساقیا ز آب حیوان مگوی — زلالی ز سرچشمه جان بجوی
چه حاصل مرا ز آب نایاب خضر — مرا دُرد جام است به ز آب خضر

***

بیا ساقیا پر می آور قدح — که از دل برد غم، فزاید فرح
قدح چیست؟ چشم و چراغ دلم — گل سایه پرورد باغ دلم

***

بیا ساقیا کز توام می‌پرست — دلم برده سودای لعلت ز دست
لبت نوش داد از طریق عتاب — مرا داروی بیهشی در شراب

***

بیا ساقی آن ارغوانی قدح — که لبهاش ناید به هم از فرح

ز لب گیر باز و به من ده به ناز		مرا کن ز آب خضر بی‌نیاز

***

بیا ساقی ای خضر راه مراد		سکندر بدانش سلیمان نهاد
ثریا سریر فلک بارگاه		گل باغ اقبال، طهماسب شاه
فلک پای تختش ز اقبال و بخت		گدایان او صاحب تاج و تخت

***

بیا ساقی آن باده لعل فام		که در هیچ ملت نباشد حرام
به من ده که دوران آن سرور است		که پی بر پی شرع پیغمبر است

***

بیا ساقی از کف بنه جام ناب		که نشنیدم آتش دلی را ز آب
مرا آرزوی لبت در سر است		مده می که نقل از میم خوشتر است

***

بیا ساقی اکنون که دل بی‌غم است		مده می که نوشین لبی همدم است
لبش بین و دیگر مگو از شراب		مده پیش آب خضر زهر ناب

***

بیا ساقی از می فراموش کن		ز لعل لبت غارت هوش کن
چه حاجت مرا باده خوشگوار		که مستّی لعلت نیارد خمار
بیا ساقی از دو لب نوش دل		به زهر شرابم مبر هوش دل
مرا کز غمت ناتوان شد مزاج		ز عناب لعلت مرا کن علاج

***

بیا ساقی از باده‌ی لعل فام		مکن چون دلم بیش ازین تلخکام
دلم برده عناب لعلت ز دست		تو از باده مستی، من از لعل مست

***

بیا ساقیا زان لب دلنواز		مرا ساز از نقل و می بی نیاز
که پیش لب چون می لعل فام		بود نقل و می بر حریفان حرام

***

بیا ساقیا جام شکر و سپاس		که سوی حقیقت بود ره شناس
به من ده که از ناسپاسی رهم		قدم در ره حق‌شناسی نهم

※※※

بیا ساقیا شرح حالم مپرس   ز زهد ریایی ملالم مپرس
به من ساغری ده که خرّم شوم   به یک جرعه رسوای عالم شوم

※※※

بیا ساقیا زان شراب طهور   که خجلت برد ز و لب لعل حور
به من ده که گردد ز فرخندگی   فراموشم از چشمه زندگی

※※※

بیا ساقی از جام فیض رسول   به من جرعه‌ای ده که هستم ملول
به یک جرعه‌ام کن چنان سربلند   که گردم ز معراج او بهره‌مند

※※※

بیا ساقیا کز غم افسرده‌ام   بده آب خضرم که دل مرده‌ام
به یک ساغر باده‌ام بنده کن   مرا چون مسیح از دمی زنده کن

※※※

بیا ساقی ای ماه خورشید چهر   که جام تو شد غیرت ماه و مهر
شرابم کرم دم به دم می‌کنی   خدا یار بادت، کرم می‌کنی

※※※

بیا ساقی امشب ز بخت سعید   بده می که می خوش بود شام عید
هلال و شفق از فلک بهره‌مند   که شامی چنین نشأه باید بلند

※※※

بیا ساقی آن جام گلگون بیار   که نوروز عید است و فصل بهار
صراحی پر از باده کن بی‌درنگ   کزان غنچه گلها دهد رنگ رنگ
بهار و جوانی غنیمت شمار   مکن تکیه بر گردش روزگار

※※※

بیا ساقی ای خط سبزت بهار   بهار است، فرصت غنیمت شمار
بده ساغر باده‌ام پیش از آن   که گردد بهار حیاتم خزان

※※※

بیا ساقی آن کشتی پر شراب   ز عکس لبت بحر مرجان ناب
به من ده که افتاده در بحر خون   شرابم بود خون ز بخت نگون

※※※

بیا ساقی و ناتوانی ببین	مرا جان ده و جانفشانی ببین
کرم کن از آن بحر مرجان ناب	ز دریای محنت روم برکنار

✳✳✳

بیا ساقی ای لعلت آرام دل	مرا از می لعل ده کام دل
که از زلف و لعلت دلم شد ز دست	پریشانم و مستم و می‌پرست
بیا ساقی آن جام جمشید ساز	که مانده است از دور جمشید باز
بده تا شویم از جهان بی‌خبر	از آن پیش کز ما نماند اثر

✳✳✳

بیا ساقی ای بر دلم داغ تو	تمنّا گلی دارم از باغ تو
بده جام و یاد آور از دور جم	که جمعند یاران یکدل به هم

✳✳✳

بیا ساقیا در قدح ریز می	میی کش خمارش نباشد ز پی
کرم کن که دارد مرا دلفگار	هوای شراب و بلای خمار

✳✳✳

بیا ساقی آن می که جان پرور است	که هم سلسبیل است و هم کوثر است
به من ده که تا کامرانی کنم	به آب خضر زندگانی کنم

✳✳✳

بیا ساقی ای عارضت رشک باغ	که دارم چو گل از تو بر سینه داغ
بهار است در ده می خوشگوار	که می خوش بود خاصه فصل بهار

✳✳✳

بیا ساقی آن جام گلگون بیار	کزو بشکفد دل مرا غنچه‌وار
حبابی که بر ساغر مل بود	مرا خوشتر از غنچه گل بود
تماشای باغم نباشد هوس	تماشا کنم کنج میخانه بس

✳✳✳

بیا ساقی ای ماه اوج طرب	مرا نقل و می ده ز دندان و لب
که هست از خیال لبت متصل	شراب و کبابم، دل و خون دل

✳✳✳

بیا ساقیا مجلس آباد کن	ز بزم جم و جام او یاد کن

بده جام و فرصت غنیمت شمار		به دوران فرمانده روزگار
بیا ساقی آن رشک ماه تمام		که شد هاله برگرد او دور جام
به من ده که بی‌صاف عیش و طرب		سیه شد مرا روز روشن چو شب
سیه روزم از غم نجاتم بده		وز این ظلمت آب حیاتم بده
بیا ساقی آن ساغر دلپذیر		به من ده که از می ندارم گزیر
صراحی دل و باده جان من است		دل و جان من باده روشن است

***

بیا ساقیا جام صهبا بیار		دوای دل و جان شیدا بیار
که همچون حباب از می لاله‌گون		دلم میخورد غوطه در بحر خون

***

بیا ساقی آن جام یاقوت ناب		که یاقوت شد از خطش در حجاب
به من ده که جان و جهانم شود		خط روز او حرز جانم شود

***

بیا ساقیا جام گلفام ده		شب و روز و روز و شبم جام ده
بده می که از دل برد غم مرا		کند فارغ از هر دو عالم مرا

***

بیا ساقی ای دلبر ساده روی		که هم ساده رویّی و هم باده جوی
بیا تا به هم ساغر می کشیم		نشینیم و دور پیاپی کشیم

میرزا نظام دستغیب

میرزا نظام الدین پسر میر امین الدین حسین دستغیب شیرازی از شاعران اوایل سده یازدهم است. وی که به نظام دستغیب مشهور است در خط نستعلیق استاد و در شاعری سرآمد زمان گشت. این شاعر گرانمایه پس از ۳۲ سال زندگی در سال ۱۰۲۹ هجری درگذشت و او را در حافظیه شیراز به خاک سپردند. وی دارای ۲۶۰ بیت ساقی‌نامه است.

بیا ساقی از لعل خود یاد گیر — که یک لحظه از می ندارد گزیر[۱]
به می ده رخ جام را آب و رنگ — به صیقل توان برد ز آیینه زنگ
بده جام و بستان ز من نقد دل — مکن از تهی دستیم منفعل[۲]
بده ساقی آن زاده آفتاب — که نادان نهاد است نامش شراب
بده ساقی آن آتش آبدار — که از جانِ زاهد برآرم دمار[۳]

***

بده ساقی آن دُرّ یکدانه را — جگر گوشه‌ی جام و پیمانه را
به من ده که پیوسته جور فلک — به ریش دل خسته ریزد نمک

***

بده ساقی آن آب یاقوت رنگ — که تیغ زبانم برآورده زنگ
مگر پاره‌ای گویم از طبع خویش — که کلکم شد از وصف این قوم، ریش

---

۱. گریز = راه چاره.
۲. منفعل = خجالت زده.
۳. دمار = هلاک و تباهی.

میر سنجر کاشانی

محمد هاشم معروف به میر سنجر بن میر حیدر معمایی در کاشان به دنیا آمد و در سال ۱۰۲۳ هجری در سن ۴۱ سالگی به دیار باقی شتافت. گویند دیوانی قریب به دوازده هزار بیت داشته و نیز ساقی نامه‌ای به نام فرخ نامه دارد که ۵۱۶ بیت است.

بیا ساقی ای دستگیر همه — گرانمایه عیش ضمیر[1] همه
بده می که تا از زبان آوری — کند خامه شکر ترا یاوری
کدامین می؟ آن جوهر تابناک — که چون لعل نابست در صُلب[2] تاک
میی کش هنر بی‌نیازی بود — وز او تاک را سرفرازی بود

***

بده ساقی آن بند بسته کدو — که ناید به جام جمش سر فرو
بده می کز او جام این نام یافت — چو جمشید کین نام از جام یافت

***

بده ساقی آن باقی شیشه را — ز خشکی برآور رگ و ریشه را
از آن ناب عقلم چکان در دماغ — چو ابرم بیک رشحه[3] کن تردماغ

***

بیا ساقی ای آبیار طرب — نشانم ده از جویبار طرب
که کشتِ حیاتم ندارد نمی — نمی‌پرورد سبزه خرّمی

***

بده ساقی آن جام خورشید را — ز رحمت بیامرز جمشید را
که خندید صبح جهان یک دهن — غنیمت بود سایه پای دَن[4]

***

بده ساقی آن جوهر نکته یاب — که رنگین تراود سخن در شراب
سخن چون بط باده بیند به دست — ز صد شاخ آید چو طاووس مست

---

۱ ضمیر = نهاد
۲ صلب = تخمدان
۳ رشحه = چکیده
٤ دن = خُم بزرگ

بیا ساقی ای شمع این انجمن
که با شب نشینان نشیند سخن

سخن صبح خیز آمد و شب نشین
از آن روی شد دیده و دل گزین

تو هم شب‌نشینی و هم صبح خیز
بیاد سخن باده در جام ریز

بده می که رنگین سخن گل کند
قلم نکته در کار بلبل کند

***

بیا ساقی ای گازُر[1] کینه‌ها
بشو، گر غباریست در سینه‌ها

بده مرهم زخم و صابون داغ
که کافوری است و عراقی ایاغ[2]

بیا ساقیا از منم باز خر
چو بی قیمتانم به صد ناز خر

۱ . گازر = رختشوی، شوینده ناپاکی‌ها.

۲ . عراقی ایاغ = جام عراقی.

ملک قمی

ملک محمد قمی شاعر تمام عیاری از دیار قم عراق بود. وی که به کار مداحی ابراهیم عادلشاه مشغول بود در سال ۱۰۲۴ هجری و در سن حدود نود سالگی رخت از جهان بربست و در بیجاپور او را برکنار تالِ شاپور نزدیک به مقبره‌ی میر سنجر مدفون کردند. ساقی نامه او دارای ۱۰۵ بیت است.

بده ساقی آن آب کوثر مزاج — که از آب کوثر ستاند خراج
که شاید بشوییم دامان دلق — بداریم دستی ز دامان خلق
کسی چند در عالم نام و ننگ — ترازوی دل را نهد پارسنگ

***

بیا ساقی آیینه‌ام زنگ خورد — خزان از گُل عشرتم رنگ خورد
بدستم ده آن ساغر آبدار — کز آیینه دل بشوید غبار

***

بیا ساقی آن خسروانی قدح — که میروید از خاک و آبش فرح
مگر پای بر فرق خواری نهیم — عنان در کف رستگاریم دهیم

***

بده ساقی آن ساغر سرمدی[1] — همه هوشیاری، همه بخردی
کریمان ندارند خود را معاف — چو زد شکر خامه کوس مصاف
بدستم ده آن جام خورشید چهر — که بازی کند با کلاه سپهر

---

۱ . سرمدی = ازلی.

میر ملکی قزوینی

میر ملکی فرزند ظهرالدین ابراهیم از شاگردان مقدس اردبیلی و مولدش قزوین می‌باشد وی علاوه بر شاعری در امور لشکری و کشوری نیز صاحب نظر بود. وفاتش بعد از سال ۱۰۲۹ ه. ق. رخ داده است. ساقی نامه‌ی وی ۶۵ بیت دارد.

بده ساقی آن آتش آلوده را — همان دیو در آتش آسوده را
به من ده که همرنگ مستان شوم — چو آتش، سراپا گلستان شوم
به من ده که تا شیشه را بشکنم — به یک شیشه، اندیشه را بشکنم
برون آر از پرده امّید را — گشایم سر خُم خورشید را
از آن خُم شرابی برون آورم — که عقل کُل اندر جنون آورم
شرابی که در تن چو مأوی کند — جنون مو به مو در بدن جا کند

***

بده ساقی آن نور انگور را — همان باعث حرف منصور را
بیا ساقی از غم پناهم بده — می از جام پرویز شاهم بده
برغم دل دشمن کینه خواه — بده باده از جام پرویز شاه

***

بیا ساقی ای مجلس افروز من — بیار آن می کفر و دین سوز من
بسوزان به یک جام می آن و این — که دلگیرم از رسم این کفر و دین

***

بده ساقی آن جام پرویز رنگ — که از جام جمشید داریم ننگ
ز جمشید و از جام او تا به کی؟ — لبالب کن از جام پرویز می

***

بده ساقی الماس پیکان رُبا — همان باده‌ی کفر و ایمان رُبا
که دلگیرم از کفر و ایمان خویش — بده تا بدرّم گریبان خویش

***

بده ساقی آن جام خوش گفتگو — فروزنده خورشید ناشسته رو
که افروزم این آتش خفته را — نمایان کنم عشق بنهفته را
بده ساقی آن جام سوزنده را — چو خورشید تابان فروزنده را

به من ده که آرامِ دل سازمش   مسیحای این آب و گِل سازمش
شود آب من آتش موسوی   گل من شود معجز عیسوی

میر عسکری کاشی

میر حسن فرزند میر حسین و متخلص به عسکری، از بزرگزاده‌های کاشان بود. حدود سه هزار بیت شعر داشت و تاریخ فوتش باید بعد از سال ۱۰۲۵ هجری باشد. وی دارای ۲۲۲ بیت ساقی‌نامه است.

بیا ساقی آن جام چون آفتاب | که گه آفتاب است و گه ماهتاب
به من ده که سر رشته گم کرده‌ام | دل و دیده در کار خُم کرده‌ام

***

مگر باده باز آورد روز من | مُبدّل به صحت شود سوز من
بده ساقی آن جام آتش نشان | که خورشید بار است و اختر فشان

***

بیا ساقی آن نور بخش صبوح | که تاریک شد خانه، بر شمع روح
بیا سینه را باده آلود کن | جراحات دل را نمکسود کن

***

بیا ساقی آن آب شعله مدار | که بر فرق دل کرده آتش نثار
به یاقوت لب کرده همخانگی | بلعل جگر داده پروانگی
به کروبیان نکهت بو دهد | به ا فلاکیان ذوق یاهو دهد
میی کو صلاحیت آرد پدید | به عزم طرب نیّت آرد پدید

***

بیا ساقی امروز، جامی بده | به ما روزه‌داران تو شامی بده
بیا تا دمی گشت گلشن کنیم | به می، خانه سینه روشن کنیم

***

بیا ساقی آن آب انگور را | که روشن کند دیده کور را
شرابی چو فصل بهار بهشت | که دهقان همه لعل و یاقوت کشت

***

بیا ساقی امروز من بیکسم | جوانی و کنجی و جامی بسم
برون آور آن جام زرّین نقاب | چو چشم غزال ختن پرشتاب

***

بده ساقی آن جام چون نوش را | که از کاسه سر برد هوش را
به من ده که بختم زبون ساخته است | متاع مرا در جنون باخته است

***

بیا ساقی آن جام جمشید را | که روشن کند بام خورشید را
بده تا دلم را تسلی دهد | ازین ظلمت او را تجلی دهد

***

بیا ساقی آن جام پر نور را | که روشن کند دیده‌ی کور را
بده ساقی آن آب آتش پناه | که برگشته بختیم و نامه سیاه
گر این بخت با من زبونی کند | ور این کاسه با من نگونی کند
بپیچم گریبان گردون بکین | کشم آسمان را به روی زمین

***

بیا ساقی امروز مستان شویم | چو افراسیاب و چو دستان شویم
برآریم از پنجه چون شیر نر | ادیم[1] پلنگ فلک را، ز سر

***

بیا ساقی آن باده بی بدل | که آرد به عقل و به هوشم خلل
بده تا دمی همچو شاهین شوم | به نخجیر، گردون شلایین[2] شوم

***

بده ساقی آن باده بی‌غرض[3] | که از جوهر[4] ما بشوید عرض[5]
بیا تا غم از دل برون افکنیم | ز آتش به دریای خون افکنیم
بیا تا مرا وارهانی ز من | که بیزارم از منت جان و تن

***

بیا ساقی آن شیره نور را | که روشن کنم خانه گور را
بده تا سری در گریبان کشم | سری بر مزار غریبان کشم

***

---

۱ ادیم = پوست

۲ شلایین = مبرم و سخت درگیرنده

۳ باده بی‌غرض = خالی از دشمنی

۴ جوهر = اصلر و خلاصه‌ی هر چیزی گوهر، آنچه که قائم به ذات باشد

۵ عرض نقطه مقابل جوهر

بیا ساقی از می خبر ده مرا — به کوی خرابات، سر ده مرا
بده ساقی آن می که بیجان شوم — چو مار فسون کرده پیچان شوم
بده می که آبی به باغ آورم — گل از باغ و از سینه داغ آورم
میی گر به مهرش مساوی کنی — بسا خون که در جام راوی کنی
بیا ساقی از باده یاد آوریم — به دُردی کشان اعتقاد آوریم
بیا تا دل از غصّه بیغم کنیم — غم فرقت دوش را کم کنیم

***

بده ساقی آن باده دلفریب — که از تاک گردید، ما را نصیب
به من ده که امروز مست آمدم — به دیوار توبه، شکست آمدم
بیا ساقی از سینه آهی بکش — دو عالم به یک برگ کاهی بکش
بیا تا ز دنیای دون بگذریم — ازین قُلزُمِ پر زخون بگذریم
بگو، تا دمی هوش با او دهیم — دل خسته را نوشدارو دهیم

***

بیا ساقی آن می که عقل آورد — دل سنگ خاره به نقل آورد
بیا دانه خویش بر خاک ریز — به دست دلم آبی از تاک ریز
بیا تا دمی بیحیایی کنیم — به بنت العُنَب[1] کدخدایی کنیم
به من ده که بسیار خون خورده‌ام — دغای[2] سپهر نگون خورده‌ام
به من ده میی کز شعاع تَفش — چو نور تجلی شوم در کَفش

***

بیا ساقی از من مرا دور کن — مرا غیرت دار منصور کن
میی ده کزان دل مزیّن شود — همه سرّ غیبی مبین شود
بیا ساقی امروز حیرانیم — از آن می پرستان ویرانیم
که صد شعله آتش بدم درکشم — علم چون به میخوارگی برکشم

***

بیا ساقی امروز پیمان دهیم — مبادا که ایمان به شیطان دهیم

---

۱ . بنت العنب = دختر انگور.
۲ . دغا = دغل.

بیا تا به میخانه فاجر¹ شویم	که بی باده ناگاه، کافر شویم
بیا پشت پایی به گردون زنیم	شبیخون به این طشت پرخون زنیم
بیا ساقی آن عقل فرزانه را	به هوش آور، این مست دیوانه را
که بسیار بالا روی می‌کند	گدا پیشه ای خسروی می‌کند
بیا ساقی آن مست بی‌باک را	همان مایه معدن خاک را
به من ده که حیران و آواره‌ام	از آن بی‌نصیبان بیچاره‌ام

***

---

۱. فاجر = گناهکار.

نظامی گنجوی

حکیم ابومحمّد الیاس بن یوسف زکی ابن مؤید نظامی شاعر معروف ایرانی در قرن ششم هجری قمری است. محل تولدش گنجه و سال وفات وی را بین سالهای ۵۳۰ هجری قمری و ۶۱۴ هجری قمری آورده‌اند. آثار وی شامل دیوان قصاید و غزلیات و قطعات و رباعیات و کتاب پنج گنج یا خمسه (شامل مخزن الاسرار – خسرو شیرین – لیلی و مجنون – هفت پیکر – اسکندرنامه) می‌باشد. این ابیات از بین ۱۷۷ بیت ساقی‌نامه او انتخاب شده‌اند:

بیا ساقی از من مرا دور کن — جهان از می لعل[۱] پر نور کن
میی ده مرا کو به منزل برد — همه دل برند، او غم از دل برد

***

بیا ساقی آن می که ناز آورد — جوانی دهد، عمر باز آورد
به من ده که این هر دو گم کرده‌ام — قناعت به خوناب خُم کرده‌ام
بیا ساقی از می نشان ده مرا — از آن داروی بیهشان ده مرا
بدان داروی تلخ بیهش کنم — مگر خویشتن را فرامش کنم

***

بیا ساقی آن ارغوانی شراب — به من ده که تا مست گردم خراب
مگر زان خرابی نوایی زنم — خراباتیان را صلایی زنم
بیا ساقی از خُم دهقان پیر — میی در قدح ریز چون شهد و شیر
نه آن می که آمد به مذهب حرام — میی که اصل مذهب بدو شد تمام

***

بیا ساقی آن شربت جانفزای[۲] — به من ده که دارم غم جانگزای[۳]
مگر چون بدان باده آرم نشاط — غم دهر را درنوردم بساط
بیا ساقی آن می که رومی وش[۴] است — به من ده که طبعم چو زنگی[۵] خوشست

---

۱ . می لعل = شراب سرخ رنگ.
۲ . آنچه که موجب نشاط روان گردد، آب حیات.
۳ . جانگزای= آمچه روان را بیازارد.
۴ . رومی‌وش= مانند رومی
۵ . زنگی= سیاه پوست (گویند طرب و شادی ذاتی زنگیانست).

مگر با من این بی محابا پلنگ	چو رومی و زنگی نباشد دورنگ
بیا ساقی از خم دوشینه[1] می	که مانده است باقی زکاووس کی
بده تا طبیعت سیاوش شود	چو نو شد، دمی چند بیهش شود

***

بیا ساقی آن می که فرخ پی[2] است	به من ده که داروی هر دل میست
میی کو است حلوای هر غمکشی	ندیده به جز آفتاب آتشی

***

بیا ساقی آن لعل پالوده[3] را	بیاور، بشوی این غم آلوده را
فروزنده لعلی که ریحان باغ	ز قندیل[4] او بر فروزد چراغ
ز دستان گیتی مگر جان برم	بدین داستان ره به پایان برم
بیا ساقی آن جام آیینه فام	به من ده که بر دست شد جای جام
چو زان جام، کیخسرو آیین شوم	بدان جام روشن جهان بین شوم
بیا ساقی آن آتش توبه سوز	به آتشگه مغز من برفروز
به مجلس فروزی دلم خوش بود	که چون شمع بر فرقم آتش بود

***

بیا ساقی از بحر دفع خمار	دوای دل دردمندان بیار
شرابی به من ده که مستی کنم	بدان آب آتش‌پرستی کنم

***

بیا ساقی از باده بردار بند	بپیمای، پیمودن باد چند
خرابم کن از باده جام خاص	مگر زین خرابات یابم خلاص

بیا ساقی آن خون رنگین رز	درافکن به مغزم چو آتش به خز

---

۱. دوشینه= دیشبی

۲. فرخ پی= خوش قدم، مبارک.

۳. پالوده = پاک کرده از غش.

۴. قندیل = چراغ دادن.

میی کز خودم پای لغزی[1] دهد	چو صبحم دماغ دو مغزی دهد

***

بیا ساقی از شادی نوش[2] و ناز	یکی شربت‌آمیز عاشق نواز
به تشنه ده آن شربت دلفریب	که تشنه ز شربت ندارد شکیب

***

بیا ساقی آن آب جوی بهشت	درافکن به دین جام آتش سرشت
از آن آب آتش مپیچان سرم	به من ده کز آن آب و آتش ترم
چه فرخ کسی که به هنگام دی	هم آتش نهد پیش، هم مرغ و می

***

بیا ساقی آن شب چراغ مغان[3]	بیاور، ز من بر میاور فغان
چراغی کزو چشمها روشن است	چراغ تنم را از او روغن است

***

بیا ساقی آن ظرف بیجاده[4] رنگ	به من ده که پایم درآمد به سنگ
مگر چاره سازم در این سنگریز	چو بیجاده از سنگ یابم گریز

***

بیا ساقی آن می که محنت بُر است	به چون من کسی ده که محنت خور است
مگر بوی راحت به جانم دهد	ز محنت زمانی امانم دهد

***

بیا ساقی آن می که جان پرور است	تن خسته را همچو جان درخور است
درین غم که از تشنگی سوختم	به من ده که می خوردن آموختم

***

بیا ساقی از باده جامی بیار	ز بیجاده گون گل پیامی
رخُم را بدان باده چون باده کن	ز بیجاده رنگم چو بیجاده کن

***

---

۱ . پای لغز = خطا.
۲ . نوش = شیرینی.
۳ . شب چراغ مغان = باده‌ای که زرتشتیان بعمل می‌آورند.
۴ . بیجاده = کهربا.

بیا ساقی از می دلم تازه کن ‌‌ درین ره صبوری به اندازه کن
چراغ دلم یافت بی روغنی ‌‌ به می ده چراغ مرا روشنی

***

بیا ساقی آن جام کیخسروی ‌‌ که نورش دهد دیده‌ها را نوی
لبالب کن از باده خوشگوار ‌‌ بنه پیش کیخسرو روزگار

***

بیا ساقی آن زر بگداخته ‌‌ که گوگرد سرخت از او ساخته
به من ده که تا زو دوائی کنم ‌‌ من خویش را کیمیائی کنم

***

بیا ساقی آزاد کن گردنم ‌‌ سرشک قدح ریز در دامنم
سرشکی که از صرف پالودگی ‌‌ فرو شوید از دامن آلودگی

***

بیا ساقی امشب به می کن شتاب ‌‌ که با درد سر واجب آمد گلاب
میی که آب بر روی کار آورد ‌‌ نه آن می که در سر خمار آورد

***

بیا ساقی آن بکر پوشیده روی ‌‌ به من ده گرش هست پروای شوی
کنم دست‌شویی به پاک از پلید ‌‌ به بکر اینچنین دست باید کشید

***

بیا ساقی آن زیبق[1] تافته ‌‌ به شنگرف[2] کاری عمل یافته
بده تا در ایوان یارش برم ‌‌ چو شنگرف[3] سوده به کارش برم

***

بیا ساقی آن خاک ظلمات رنگ ‌‌ بجوی و بیار آب حیوان بچنگ
بدان آب روشن نظر کن مرا ‌‌ وزین زندگی زنده‌تر کن مرا

***

بیا ساقی آن رنگ داده عبیر ‌‌ که رنگش ز خون داد دهقان پیر
بده تا جوانی درآید بچنگ ‌‌ دهد رنگ و آبش مرا آب و رنگ

---

۱ . زیبق = جیوه
۲ . شنگرف کاری = عمل بر روی سولفور معدنی جیوه
۳ . شنگرف = سولفور معدنی جیوه.

***

بیا ساقی آن باده بردار زود — که بی باده شادی نشاید نمود
به یک جرعه زان باده یاریم ده — ز چنگ اجل رستگاریم ده

***

بیا ساقی آن آب آتش خیال — درافکن به این کهربا گون سفال
گوارنده آبی کز این تیره خاک — بدو شاید اندوه را شست پاک

***

بیا ساقی از خُم دهقان پیر — به من ده یکی ساغر دستگیر
از آن می که او داروی هوش باد — مرا شربت و شاه را نوش باد

منتخباتی از ساقی نامه های تاریخ ادبیات

ظهوری ترشیزی

محمد طاهر نورالدین محمد ظهوری ترشیزی سبزواری از نویسندگان و غزلسرایان عهد صفوی است. وی در سال ۱۰۲۵ هجری در دکن وفات یافت. او دارای ۸۴۸ بیت ساقی نامه است.

بیا ساقی آن سبز مینا بیار — کزو خرّمی میچکد در بهار
به اندازه آن زجاجی[1] قدح — که عکسش برآورده قوس قزح
فرو ریز از آن غیرت[2] ارغوان — وز آن خاطرم را چنان بشکفان
که صد نوبهارش به ره افکنم — اگر سوی خاری نگه افکنم

***

بیا ساقی ای باز خاطر شکار — که خونی است چنگ عقاب خمار
ز گلبن چمن گشت طاوس دُم — برون آر خون کبوتر ز خُم
بده تا در این دامگاه مجاز — ز گنجشک من واخورد شاهباز

***

بیا ساقی ای من سگ کوی تو — بده می که شاید به نیروی تو:
شکاری بهنجار[3]، طرح افکنم — سر شیر غم را ز تن برکنم
بیار آنچه زو غم شود گم بیار — بجان خودت کز سر خُم بیار
بده می که گردم فریدون حَشم — پریشان کنم مغز ضحّاک غم

***

بیا ساقی از غم مرا وارهان — به جانم ز قید چنین و چنان
بیا ساقی ای مایه گفتگوی — به ساغر کن آن وایه[4] جستجوی
که در کوچه رگ دَود همچو جان — به دل صد نشان گوید از بی‌نشان
بده زان می روشن دلپذیر — که شد لایش اکسیر کشف ضمیر
که سازم به سرمایه نور آن — نهان نهان را عیان عیان

***

---

۱ زجاجی = شیشه‌ای
۲ غیرت = رشک بردن
۳ بهنجار = آنچه قابل قبول است
٤ وایه = آرزو

بیا ساقی آن آتش تر بیار	لب عیش خشک است، ساغر بیار
ز می آتشم در درون برفروز	متاع سرای تعلق بسوز
بده زان شرابم به دفع حلال	که گر ماتمی آردش در خیال
شود اشک تلخش روان خشک بند	برد نُقل پیش لبش نوشخند

***

بیا ساقی ای خرمن گل بیا	تو گل، من خزان دیده بلبل بیا
بیا ای خرامنده طاوس مست	بنه بر سرم پا که رفتم ز دست

***

بیا ای بهی سرو باغ امید	که میلرزم از غصه چون شاخ بید
بیا ای پری نام ساقی لقب	به من برفشان رشح[1] جام طرب
مگر بختم از جان برد تاب را	بمالد یکی چشم پرآب را

***

بیا ساقیا مگذران روز را	بده آتش معذرت سوز را
بده می کزین توبه در خجلتم	بده خوش پیاپی، مده مهلتم

***

بیا ساقیا جان فدا می‌کنم	تو دشنام ده، من دعا می‌کنم
ز لعل تو تلخی که سر میزند	ره کاروان شکر میزند

***

بیا ساقیا جام پُرتر بده	وزان باده‌ی لعل جوهر بده
مگر عقل پیدا کند جوهری	برون آرم از جوهر دل سری

***

بیا ساقی ای آگه از حال دل	که حیرت گرفته است دنبال دل
ببین کهربای رخ حال را	به چرخ آر، یاقوت سیّال را
بده آن عقیقی می پر ضیا	که سازد فروغش سهیل[2] از سها[3]
که ریزم به مستی چو خوی از جبین	بجوشد سهیل از ادیم زمین

---

۱. رشح = عرق
۲. سهیل = نام ستاره‌ای است.
۳. سها = نام ستاره‌ای است.

***

بیا ساقی ای مایه عیش و سور — که بر دل غم عشق آورده زور
بیا ساقی ای لُعبت[1] نوشخند — که هست اشک عاشق سپند گزند
از آن باده‌ی گریه آور بیار — پی قُلزم[2] دیده، گوهر بیار
که آرم عقیق لبت در نظر — سهیل‌تر افشانم از چشمِ تر

***

بیا ساقی ای جبهه‌ات[3] صبح کام — از آن رشک خورشید ریزم به جام
بده ساقی آن شمع ساغر لگن — که روید سحر پرتو از شام من

***

بیا ساقی ای خصم زهد و صلاح[4] — که از توبه پوشیده تقوی سلاح
به جانم ز پشمینه زاهدی — ببر درفکن اطلس شاهدی
به دستم ده آن ساغر توبه خوار — که از زهد و تقوی برآرم دمار

***

بیا ساقی ای دین و ایمان ما — فدایت دل و جان من، جان ما
از آن قرمزی آب خواهم به دست — که زردشت زو گشت آتش پرست

***

بیا ساقیا سخت افسرده‌ام — چه افسرده؟ واغفلتا! مرده‌ام
بده می که در آب گیرم گِلی — که سازم پس روح، سرمنزلی
به دستم ده آن رشک یاقوت را — که سازد جوان عقل فرتوت را
به ساغر کن آن آب آتش مزاج — که رنگش ز یاقوت گیرد خراج
به من ده که از صدمه گیر و دار — نهم باج برگردن روزگار

***

بده ساقی آن باده عقل و هوش — که مغز سخن را درآرم به جوش
سخن را کنم صاحب اعتبار — ز مدّاحی صاحب روزگار

---

۱ . لعبت = دلبر و معشوق (بازیچه).
۲ . قلزم = دریای احمر.
۳ . جبهه = پیشانی.
۴ . صلاح = نیکوکار شدن.

نوعی خبوشانی

محمد رضا پسر محمود خبوشانی مشهدی از شاعران نامی قرن دهم و اوایل قرن یازدهم در خبوشان (قوچان) به دنیا آمد. او دارای مثنویات و غزلیات و قصاید بسیار زیبایی است. از او است: کلیات شامل قصیده، ترجیح بند، ترکیب بند، قطعه، غزل، رباعی و مثنوی که در حدود چهار هزار بیت است، ساقی نامه، منظومه سوز و گداز و... ساقی نامه وی ۲۹۸ بیت دارد.

بیا ساقی ای گلشن راز دل — که بادِ نفس گشت غمّاز[1] دل
ز پیمانه‌ام مُهر نه بر دهن — که ناید برون نکهت[2] این چمن

***

بیا ساقی ای رازدار سخن — کفت چون زبان دستیار سخن
بده می که نیش سخن هر نفس — خلد در زبانم چو در دیده خس

***

بده ساقی آن دشمن خانه سوز — مِی آشنا سازِ بیگانه سوز
که بی می دو غم داد عمرم بباد: — غمِ خانه و دشمنِ خانه زاد

***

بیا ساقی ای جانشین کسی: — که ماه نو آمد ز راهش خسی
بده ساقی آن می که دل جام اوست — لب تشنه پروانه نام اوست
شرابی که از دل بروبد هوس — فروغش کند شعله را خار و خس

***

بیا ساقی ای ابر گوهر فروش — به سیلاب ساغر ده این عقل و هوش
برافروز از نورِ می سینه‌ام — چو فانوس کن دلق پشمینه‌ام

***

بیا ساقی آن گوهر شبچراغ — که در شب چراغست و در روز باغ
بده تا چمن را چراغان کنم — شب تیره را باغِ زاغان کنم

***

بده ساقی آن خون افراسیاب — که کیخسرو دل شد از غم کباب

---

۱ . غمّاز = سخن چین.
۲ . نکهت = بو، عطر.

کسی کش پدرکشتگی با غم است | اگر خون غم را بنوشد کم است

***

بیا ساقی ای مستِ هشیار دل | چو نرگس گران خواب و بیدار دل
می نغمه در جام منقار کن | شکر خنده‌ی باده بیدار کن

***

بیا ساقی ای نوبهار هوس | کفت در چمنها گل پیش رس
از آن گل که در شأن حسن آیتی است | جنون در سرم تشنه نکهتی است

***

بیا ساقی ای ابر نیسان جود | برین تخمِ گُل ریز باران جود
برویان به اعجاز پیغمبری | گل جعفری از زر جعفری

***

بده ساقی آن توتیای نظر | که چون چشمِ بختم گدای نظر
برین چشمِ دیرینه مخمورِ می | نگاهی کرامت کن از نور می

***

بیا ساقی ای جرأت افزای دل | بشو زنگِ دهشت ز سیمای دل
بده می که در چشم شب زنده دار | جهان تیره‌تر شد ز سوراخ مار

***

بده ساقی آن ارغوانی نبید | که دور جوانی به پایان رسید
چمن تا به طبع جوان پیر شد | می لاله گون در قدح شیر شد

***

بیا ساقی از عمر چیزی نماند | وز آن گنج، در کف پشیزی نماند
بگردان ز ره عمرِ بگذشته را | چو شاه نجف روز شب گشته را

***

بیا ساقی آن بدر ناکاسته | که خورشید از او چون سها[1] کاسته
به من ده که اندر لگدکوب درد | سراپا ملالم چو دشت نبرد

***

بده ساقی آن آب آتش منش | که بر آب و آتش کند سرزنش

---

۱ . سها = نام ستاره‌ای است.

که بی‌باده آن مایه صلح و جنگ	دل از جنگِ بی‌صلحم آمد به تنگ
بیا ساقی آهنگ اعجاز کن	به ناخن رگ شیشه را باز کن
که ناخن گر از خون او تر شود	چو منقارِ طوطی سخنور شود

‌***

| بیا ساقی آن چشمه سار کرم | می آب خضرم ده از جام جم |
| به جامِ میی تازه کن کام من | که موجش زند سکه بر نام من |

***

| بیا ساقی از خود رهائیم ده | شکیبایی از خودستاییم ده |
| خودی زنگ آیینه بخردی است | بده می که مرگ خودی بیخودی است |

***

بیا ساقی آن ماه گلگون نقاب	درخشنده‌تر درشفق ز آفتاب
شرابی که چون در بدن گل کند	بتن مو چو منقار بلبل کند
به من ده که مست و سرافشان روم	ره مدحت خانخانان[1] روم
به من ده که مستانه با صد زبان	شوم نغمه پرداز این بوستان

***

| بیا ساقی ای داور دادرس | چو مرهم به هر زخم فریادرس |
| که طبع از شراب سخن گشت مست | ز بدمستیم شیشه بر لب شکست |

---

۱. خانخانان = امیر امیران، ممدوح شاعر.

والی کردستانی

امان الله خان ثانی از حکام دوره محمد شاه قاجار بوده است که به والی کردستانی اشتهار دارد. کتاب حدیقه امان اللهی به نام وی تسمیه شده است. او دارای ۴۲ بیت ساقی نامه است.

بده ساقی آن باده کز راه دور — به جام آمده از تجلّای نور
از آن می که سرّ کهن بخشدم — به دل فیض علم لَدُن بخشدم

***

بیا ساقیا دور خود کن تمام — که ما هم نمودیم ختم کلام
بده می که هنگام تأخیر نیست — چو آمد اجل جای تدبیر نیست
بده ساقی آن باده بی خمار — کزو بلکه آسایم از روزگار
بده می که بیهوشیم آرزوست — به جز با تو خاموشی ام آرزوست

والی کرمانی

والی کرمانی آنطور که از اشعارش بر می‌آید کرمانی و معاصر با شاه عباس ثانی بوده است. از وی دیوانی موجود است. او دارای ۲۷۴ بیت ساقی‌نامه است.

بیا ساقی اکنون که جوش گُل است
صبا محرم راز گوش گُل است
بکن کاسه سر پر از آب تاک
که پر می‌شود کاسه سر ز خاک

***

بیا ساقی آن گوهر پاک را
گل شعله آتش تاک را
به من ده که کار از تعلّل گذشت
خُمار آمد و موسم گل گذشت

***

بده ساقی آن باده اَحمرم
که کبریت احمر کند پیکرم
بده تا دمی بی کسوف حجاب
برون آید از پیکرم آفتاب

***

بیا ساقی آن خون منصور را
همان زاده آتش طور را
بده تا دم از چون و بیچون زنم
صف ماسوی را شبیخون زنم

***

بیا ساقی از آتش یأس سوز
چراغ امید مرا برفروز
که خرگاه مستی فراتر زنم
گل مهر چون صبح بر سر زنم

***

بیا ساقی آن مرهم جان ریش
به من بخش از کم کم و بیش بیش
بده می که دور جم و کی نماند
حریفان پیشینه را می نماند

***

بیا ساقی آن باده لعل فام
که اکسیر جان است و خورشید جام
به من ده که چون لاله خونین دلم
مگر برگ عیشی برآرد گُلم

***

بیا ساقی آن آب آتش فروغ
ز سر جوش خُم گوهر خوش فروغ
به من ده مبادا که آخر خُمار
درخت پشیمانی آرد به بار

بیا ساقی از قرة العین جام	به چشم دلم ریز کُحل[1] مرام
به من ده که اکسیر روح است می	به هر عقده غم فتوح است می

***

بیا ساقی آن کیمیای رحیق	رخ کهربای مرا کن عقیق
بده ساقی آن منبع نور را	بگویم صریح، آب انگور را

***

بیا ساقی از مایه بیغمی	ز خاکم برآور گل خرمی
چو مینا دماغ مرا تازه کن	چو ساغر خلاصم ز خمیازه کن

***

بیا ساقی آن زاهد خُم نشین	که رفتش به سر مدت اربعین
وز آن اربعین باطنش گشت صاف	جلا یافت خورشید از اِنکساف[2]
بده تا به یاد گل روی دوست	بنوشم به طاق دو ابروی دوست

***

بده ساقی آن باده شیرگیر	که دلگیرم از مکر این گرگ پیر
ازین ظلمتم بخش راه نجات	نشانم ده از خضر و آب حیات

***

بیا ساقی از جام ریحانیم	به کف نه نگین سلیمانیم
که از یُمن این گوهر عنصری	توان کرد تسخیر دیو و پری
بده می که قلب دلم زر شود	دماغم چو مینا معطّر شود

***

بیا ساقی آن دختر تاک را	مداوای دلهای غمناک را
به من ده که دور جوانی نماند	مرا لذت کامرانی نماند

***

بیا ساقی از لعل یاقوت سان	که یاقوت گردد از او استخوان
شب تیره‌ام را بیفروز روز	به جامی چراغ مرا بر فروز

***

---

۱. کحل = داروی چشم.
۲. انکساف = آفتاب گرفتگی.

بیا ساقی از جام گیتی نما | بده ساغر غم بر دلگشا

ندارم تمنّایی از هیچ کس | ز دنیا و عقبی مرا باده بس

والیه قاجار

حُسن جهان خانم ملقّبه به والیه همسر خسروخان والی کردستان و صبیّه فتحعلی شاه قاجار که بعد از فوت شوهر به مدّت ده سال مستقیماً به کار حکومت کردستان اشتغال داشته، یک دیوان و یک رساله به نام بساط نشاط به یادگار مانده است. سال فوت او باید بین ۱۲۶۵ هجری و ۱۲۹۶ هجری باشد. او دارای ۳۰ بیت ساقی‌نامه است.

بیا ساقی آن می که آرد سرور — به یک جرعه زایل نماید غرور
به من ده کزین نشأء دیوانه وار — روم تا به آن نشأه منصور وار

***

بیا ساقی آن می که نامش طهور — بنوشیم و افتیم تا نفخ صور
می وحدتم ده که مستی کنم — در آن حال یزدان پرستی کنم

***

بده ساقی آن باده خوشگوار — که از زور مستی فتاده به کار
به من ده که تا بشکنم این قفس — به مرغان جنّت شوم همنفس

***

بیا ساقی ای معنی راز و ناز — به یک جرعه میکن مرا بی‌نیاز
که مستّی و شیدایی ام آرزوست — چه گویم که رسوایی ام آرزوست

***

بیا ساقی آن می که مستانه وار — روم مست تا عرصه گیر و دار
در آن حالت قرب مستی کنم — زنم دست و اظهار هستی کنم

***

بیا ساقی از جام روز الست — به جامی مرا ساز یکباره مست
رهانم از این عالم پُرخطر — رسانم به فردوس اکبر دگر

***

بیا ساقی ای راحت جان و تن — رهانم ازین حالت ما و من
که نوشم یکی جرعه جان بسپرم — ز هر هفت افلاک بالا پرم

***

بیا ساقی آن آب یاقوت رنگ — دو پیمانه لبریز کن بی‌درنگ
که مستّی مردانه دارم هوس — کزین دور فارغ شوم یک نفس

بیا ساقی آن آب چون سلسبیل که باشد به عُشاق راه دلیل
بنوشم به آواز طنبور و نی که شرب الیهودی کنم تا به کی

❊❊❊

بیا ساقی از غم رهاییم ده به یک جرعه از خود جداییم ده
بنوشم به یاد کسی جام می کنم پشت بر تخت کاووس کی

وحید قزوینی

میرزا طاهر وحید قزوینی طبعی خوش و قلمی قوی داشت. علاوه بر دیوان و ساقی‌نامه دارای آثار چاپ شده‌ی زیر است: ۱- منشأ وحید ۲- عباس نامه، در تاریخ شاه عباس ثانی.

بیا ساقی از رفتگان یاد کن	چراغی بده روحشان شاد کن
ز جم گو که چون باده در خُم فشرد	ازین آب حیوان چراغش نمرد
بده می که با هم سخن سر کنیم	احادیث را نُقل ساغر کنیم

***

بیا ساقی ای رویت از ماه به	دل از ما بگیر و به ما دل بده
بده می که گرم است از می مدام	دل شیشه، پشت قدح، روی جام

***

بیا ساقی ای شاخ پر گل ز مُل	که درد ترا من بچینم چو گُل
بده می که رضوان شود بنده‌ات	توان ریخت نقل از شکر خنده‌ات

هاتفی خراسانی

مولانا عبدالله هاتفی خرجردی خراسانی متوفی به سال ۹۲۷ هجری قمری و خواهرزاده جامی است. از آثار او است خمسه به تقلید از نظامی گنجوی و مثنوی ناتمام شاهنامه حضرت شاه اسماعیل. ساقی نامه هاتفی ۷۷ بیت دارد.

بیا ساقیا راه میخانه پرس — ز ما قصه جام و پیمانه پرس
از آن راح راحت به من ده نخست — که باشد به او دین و ملت درست

***

بیا ساقیا جام رخشان بیار — درخشنده لعل بدخشان[1] بیار
به جامی پی اندر پیم شاد کن — ز اندیشه عقلم آزاد کن

***

بیا ساقی آن شربت زندگی — که بخشد ز یک جرعه پایندگی
به من ده که پاینده دارد مرا — چو خضر از دمی زنده دارد مرا

***

بیا ساقی آن آب جان بخش را — فراغت فزای روان بخش را
به من ده که آرام جانم شود — غذا بخش روح روانم شود

***

بده ساقی آن آتشین آب را — گرانمایه بیجاده ناب را
که آسودگی دماغم دهد — ز سودای عالم فراغم دهد

***

بیا ساقی آن می که باشد حلال — وز او نیست در هیچ مذهب و بال[2]
به من ده که مدهوش و مستم کند — بلندی دهد، غم چو پستم کند

***

زمانی بیا سوی من ساقیا — که هستت از آن بی بدل کیمیا
به من ده که اکسیر جانم شود — دوای دل ناتوانم شود

---

۱. لعل بدخشان = لعلی که از معادن بدخشان استخراج کنند.
۲. وبال = گناه، تقصیر

بیا ساقی آن باده لعل گون   که از رشک آن شد دل لعل، خون
به من ده که رنج خمارم بود   به رنجی چنان هجر یارم بود

***

بیا ساقی آن می حیات ابد   که شمع دلست و چراغ جسد
به من ده که باشد فراغ دلم   شود لاله طرف باغ دلم

***

بیا ساقی آن می که آرد فراغ   بود روشنی بخش همچون چراغ
به من ده که از غم فراغم دهد   در این ظلمت شب، چراغم دهد

***

بیا ساقی آن آب سوزنده را   مروّق [1] می دل فروزنده را
به من ده که از قید هستی رهم   ز اندیشه خودپرستی رهم

***

بیا ساقی آن می که غم میبرد   فرح می‌رساند، الم می‌برد
بیا ای بریشم زن طرفه روی   که هم طرفه رویی و هم طرفه‌گوی
به یک نغمه دلکشم بنده کن   ز چشمت بکش وز لبت زنده کن

***

بیا ساقی آن لعل گون باده را   که بشکست بازار بیجاده را
به من ده که مدهوش و مستم کند   خراباتی و می‌پرستم کند

***

بیا ساقیا دعوی زهد چند   چو ساغر برین زهد آلوده خند
به من ده یکی جام می آشکار   کن این پرده زرق [2] را برکنار

***

بیا ساقی آن ساغر زهر خند   که در زهر پرورده جلاب [3] قند
به من ده که پاینده دارد مرا   چو آب خضر زنده دارد مرا

***

---

۱ . مروّق = صاف کرده شده.
۲ . زرق = تزویر
۳ . جلاب = گلاب

بیا ساقی آن مجلس افروز می
که باشد گل سرخ در ماه دی

به من ده که مخمور دیرینه‌ام
بر افروز، زان نور دل، سینه‌ام

***

بیا ساقی آن آب کرده عقیق[1]
که در خون بود زو بهشتی رحیق[2]

به من ده که فارغ کند از غمم
رهاند ز اندیشه عالمم

۱ . آب کرده عقیق = عقیق مایع شده (کنایه از شراب)

۲ . رحیق = ناب

هادی ابرقوهی

در تذکره نصر آبادی در مورد وی نوشته شده: میر هادی برادر میربرهان است، خوش طبیعت بوده، اکثر آیام در شیراز می‌بود و با عزیزان هم صحبت بود، فوت شد. شعرش اینست:

بیا ساقی ای آفت روزگار — خلاصم کن از دستبرد خمار
که مخمورم و شاخ نرگس ز دور — زند چشمکم سوی راح السّحور
دل خوش مبیناد ماه صیام — که بر راه پرواز ما بسته دام

***

بیا ساقی از روزه پروا مکن — از این بیش خون در دل ما مکن
بیا ساقی ای سرو نو خاسته — که شد صدر میخانه آراسته
به میخانه، آرایش روزگار — کز او خرّمی وام خواهد بهار
فتاده در آن بزمگه جابجای — گل و شمع و طنبور و مینا و نای

***

بیا ساقی ای پیک کوی حبیب — بیا ای تو درد دلم را طبیب
که هجران یار و خمار شراب — دلم را کشیده به سیخ کباب
قدح را به دور آور و می بده — به من یک دو دور پیاپی بده
که شاید به ننگ آورم نام خویش — برم پی به کوی دلارام خویش

هدایت طبرستانی

رضا قلی خان امیرالشعراء طبرستانی فرزند محمد هادی و ملقب به لله باشی و متخلّص به هدایت در سال ۱۲۱۵ ه‍. ق. در تهران متولد شد و در سال ۱۲۸۸ ه‍. ق. فوت کرد. وی که رئیس مدرسه دارالفنون بود دارای تألیفات و آثار زیادی است از جمله: مثنوی هدایت نامه در بحر رمل، مثنوی باغ ارم، فهرست التواریخ، منهج الهدایه، تذکره ریاض العارفین، دیوان قصائد، دیوان غزلیات و...

بیا ساقی آن آب سنگرف گون	به من ده که دارم دلی پر زخون
مشو فتنه این جهان خراب	که دنیا بود جیفه[1]، مردم کلاب[2]

***

بیا ساقی آن جام بیجاده لون	به من ده که فارغ شوم از دو کون
از آن پیش کز کینه فرسایدت	گریز از رهایی از او بایدت

***

بیا ساقی آن آتش تر بیار	ز ماءالعُنب یک دو ساغر بیار
مگو تخت یا افسر کی به است	که از افسر و تخت کی، می به است

***

بیا ساقی از آن می جان فزا	بدین جسم فرسوده‌ام جان فزا
اگر رشک مهر نگارین نبود	مرا در جهان با کسی کین نبود

***

بیا ساقی آن آب یاقوت رنگ	به من ده که دارد دلم زهد، تنگ
سر صحبت زاهدان نیستم	دمی غافل از شاهدان نیستم
بیا ساقی ای دایمم یار و دوست	میم ده که می در جوانی نکو است
نه من جام می بر خطا می‌خورم	به امید عفو خدا می‌خورم
خوش آندم که بی‌خویش باشیم ما	نه زاهد نه درویش باشیم ما
خوش آن می کز آن گر سبویی کشیم	جهانی بسوزد چو هویی کشیم

***

---

۱. جیفه = مردار بو گرفته.
۲. کلاب = سگها.

بیا ساقی آن آب آتش مزاج   به من ده که دارم بدو احتیاج
گر آن آب، من چون بط اندر شوم   وگر آتش او، من سمندر شوم
بیا ساقی آن می که مستم کند   نه چون زاهدان خود پرستم کند
به من ده که من بنده شاهدم   نه چون عابدان سُغبه[1] زاهدم

***

بیا ساقی آن آب احمر بده   شرابی چو خون کبوتر بده
یک امشب که هستی تو در بزم ما   فلک می‌شود عاجز از رزم ما
ترا خواهم ای دلبر خوش سرشت   نترسم ز دوزخ، نجویم بهشت

***

بیا ساقی ای نرگست نیم مست   بطی می بپیما بدین می پرست
تن آن به که در می پرستی دهیم   که یکدم از این خودپرستی رهیم

***

بیا ساقی ای عاشقان را حیات   میی ده که از عقل یابم نجات
چون مستم نمودی تو و بیخودم   مزن همچو آن خودپرستان حَدم[2]

***

بیا ساقی از باده‌ام ساز مست   که از دست شوق تو رفتم ز دست
مرا با امیران سر راز نیست   به جز با اسیران دلم باز نیست

***

بیا ساقی آن می که تن دل کند   دویی از دل و دیده زایل کند
به من ده که دل مست و شیدا کنم   ره یار یکتای پیدا کنم

***

بیا ساقی آن بکر مَستور کو   دلم آب شد، آب انگور کو
مناجات ما را خرابات کن   مرا مات کن مات کن مات کن

***

بیا ساقیا در ده آن جام را   به می پخته کن عاشق خام را
برو زاهدا سوی محراب خویش   همی وعظ کن بهر اصحاب خویش

---

۱ . سغبه = فریفته و بازی داده شده.
۲ . حد = مجازات شرعی.

که من دانم و ساقی خوش سرشت / تو دانّی و آن کوثر و آن بهشت

***

بیا ساقی آن می که جامش دل است / به پیمانه‌ای کن که نامش دل است
به من ده که بی‌خویش مستی کنم / شوم فانی و سیر هستی کنم

یوسف شاملو

یوسف بیگ شاملو از امرای سلطنت شاه طهماسب بود. در فنون سپاهیگری و سایر کمالات قدرت داشت امّا بی‌پروا و بدخو بود. به عزم هندوستان از وطن خارج شد ولی در اثنای راه به دیار باقی شتافت.

بیا ساقیا مست اندیشه‌ام — بده یک دو جامی ز ته شیشه‌ام
بیا می ده از حسرت من بکاه — تو خون سیاووش از من مخواه

***

بیا گلبدن ساقی می پرست — که گردد نگاه از نگاه تو مست
بکش پرده از غنچه جام خویش — که تا گیرم از گُلبنت کام خویش

***

بیا ساقی ای شوخ یکتای خویش — که گویم من از عاشقیهای خویش
ز عشقت شدم رستم هفت خان — اگر باورت نیست این داستان
به جان گرچه رویین تن افتاده‌ام — ز دل در چه بیژن افتاده‌ام

***

بیا ساقی سرگران ناز من — که با تُست در هر زمان راز من
ز فرمان رازت نگردیده‌ام — پسندیده‌ات را پسندیده‌ام

اصطلاحات عرفانی که در این کتاب بکار برده شده است

الف:

آب معجز قرین – ارغوانی شراب – آب کوثر نشان – آب آتش نهاد – آب کوثر لقب – آب زر – آب خوش رنگ – آب آتش مزاج – آب چون سلسبیل – آتش دلنشین – آب آتش نسب – آتش نخل طور – آتش می – آتش آبدار – آب آتش اثر – آب کهسار خُم آبروی بتان – آفتاب قدح – آب آتش زده – آب دریای چشم – آئیینه راز – آب آتش فروز – آئینه جام – آب خضر – آب حیات – آب آتش مثال – آب کوثر منش – آب حیوان نشـــان – ارغوانی لباس – آب آیینه رنگ – آب تاک – آتش یأس سـوز – آب گلنار رنگ – آب هنگامه دوسـت – آتش لعل فام – آب کوثر مآب – آب لعل بدخشان خُم – زاده‌ی آتش طور – اکسیر جان – اکسیر روح – آب آتش فروغ – آب یاقوت رنگ – آب چون سلسبیل – آب شـنگرف گون – آتش تر – آب احمر – آتش توبه سوز – آب جوی بهشت – آب حیوان – آب آتش خیال – آب آتش نشان – آب آتش خواص – آب افسرده – آب حیوان جان – آب اندیشـه سوز – آب آتش نهاد – آتش تابناک – آبی چواخگر – آتشـــین می – آب جان بخش – آب حیوان – آتشـــین آب – آب سوزنده – آب کرده عقیق – آتش سینه سوز- آب تلخ طهور – آب نیروی بخش – آتش شرک سوز – آب طرب – الماس می – آفت عقل و هوش – آفتاب منیر – آب یاقوت فام – آب یاقوت رنگ – آب آتش وش – آب زرین حباب – ارغوانی قدح – آب نایاب خضر – آتش عقل و هوش – آب آتش حلول – آب آتش لباس – آب آتش عیار – آب آتش فشـــان – ارغوانی صـــبوح – آتش پرشرار – آب آیینه رنگ – آبروی کرم – آتشین خوی مست – آتش بیقرار – آب گلفام – آشنا ساز بیگانه سوز – ارغوانی نبید – آب آتش منش – آب خضر – آتش نام و ننگ – آب آتش نژاد – آب فکرت گداز – آب رخشنده – آب چون برق سوزنده – آب کوثر مزاج – آب بی شر و شور – آب عین طهور – آب گلفام – آتش تر – آتش معذرت سوز – آب آتش خصال – آیینه عقل و هوش – آب آتش گداز – آتش آبدار – آتش پرده ســوز – آبروی بهار – آب تزویر شـــو – آتش بی دخال – آفتاب مغان – آب آتش بخار – آتش آب رنگ – آب یاقوت رنگ – آتشـین آب – آتش آلوده – الماس پیکان ربا – آب شـعله مدار – آب انگور – آب آتش پناه – اصل هستی – آتش عقل سوز – آب آتش وش – آتش افروز – آب تلخ – آفت کبر و ناز – آب کوثر سرشت – آبگون پیکر شعله پوش – اندوه سوز – ارغوانی قدح – آفت جهل.

ب:

بکر گلگون پرند – بلاغ دل را کلید – برق خورشید تاب – باده‌ی مشکبو – باده صاف – باده زورناک – باده شیر گیر – بکر با آب و تاب – باده پاک – باده خوشگوار – باده عشق ناک – باده نور رنگ – باده خوش رحیق – برق پشمینه سوز – باده پر فتوح – باده محترم – باده روح – باده بی‌خمار – باده لعل رنگ – باده پرسرور – باده ارغوانی – باده مشکبو – باده احمر – باده لعل فام – باده شیر گیر – بیجاده گون گل – بکر پوشیده روی – باده تلخ فام – باده دلنواز – باده ذوق بخش – بکر مستور مست – باده عیب شوی – بلورینه جام – بی‌بدل کیمیا – باده لعل- باده لعل گون – باده بت شکن – باده لاله گون – باده بی گزند – باده لاله رنگ – بکر یکساله – باده لعل – بکر مستور – باده گرم خون – باده پرفنون – باده ساغر لقب – برق افسانه سوز – باده سر بسر نور – باده بهمنی – باده سالخورد – باده خلری – باده کامیاب – باده دلفروز – باده شعله تاب – بکر سیماب ناب – باطل السّحر هوش – با خرد در نزاع – بزم درهم شکن – بدر ناکاسته – باده شعله خو – بطوفان غم کشتی نوح کشتی نوح- بند بسته کدو – باده جان فروز – باده غمزدا – بهار تماشای گلزار حسن – باده لعل جوهر – باده گریه آور – باده عقل و هوش – باده ناب – باده همچو مهتاب – باده شعله پوش – باده بی‌بدل – برقص آور چو ناهید – بجوش آور خاطر سرد – باده کفر و ایمان ربا – باده بی‌غرض – بنت العنب – باده دلفریب – برگ مستی – باده رشک ماه – بکر چون حور عین – بیان آفرین زبان خموش – باده عشرت – باده دلگشای – بکر پر شور – بهار طرب.

پ:

پریزاده خلوت شیشه – پیلپای گران – پریزاد می – پدید آور اهل و نااهل.

ت:

تلخ و شیرین عمل – تلخ و شیرین نظام – تلخ و شیرین گوار – تجلّی طور – تلخ بسیار شور – تند سرکش – توتیای نظر – تلخ و شیرین نسب – توبه فرمای می – ترک سر مست ساغر سوار – تیزاب می.

ج:

جام روشن ضمیر – جام مرد آزمای – جام جمشید – جام خورشید – جام عنبر سرشت – جوهر بی‌خلل – جام خورشید نور – جرعه مشکبو – جام مشکین ختام – جام گلگون خون گرم – جام صدق و داد – جگرگوشه آفتاب – جام گلگون – جام اندیشه – جام چون لاله – جام چون آفتاب – جام جمشید ساز – جام فیض رسول – جام گلفام – جام صهبا – جام یاقوت ناب – جام خورشید رنگ – جام لعلیب نشان – جنس بیجاده فام – جام زر – جام گیتی نمای – جنس پاکیزه جسم – جسم رخشان – جام آب حیات – جام آیینه فام – جام

کام - جام ریحانی - جام روز الست - جام بیجاده گون - جام آتش سرشت - جام کیخسروی - جام شادی فزای - جام دریا درون - جام عدل - جام یاقوت وش - جام صافی صفت - جام یاقوت رنگ - جام چون سلسبیل - جام جم - جام چون مهر و ماه - جام صاف - جام غفلت زدای - جام گیتی فروز - جام خاص - جام مردانه - جام گران - جام دلکش - جام رخشان - جام بی غرض - جام عنبر سرشت - جام شکر و سپاس - جام فریاد رس - جام پرداخته - جام آیینه فام - جام تلخ - جام گلرنگ - جام روشن روان - جام حق بین - جام آیینه آیین - جام کوثر زلال - جام آیینه سان - جام تابناک - جام گلریز - جوهر نکته یاب - جویبار طرب - جام خورشید چهر - جگر خون کن شیشه و جام - جان اندیشه - جام پرتر - جگر گوشه تاک انگور - جام بی‌جسم - جان پالوده - جام گردون نشان - جام منصور چهر - جام طاقت گداز - جگر گوشه جام و پیمانه - جام بیجاده - جام پرآتش - جام پرویز رنگ - جام خوش گفتگو - جام سوزنده - جام آتش نشان - جام زرّین نقاب - جام چون نوش - جام پرنور - جام چون روی دوست - جام گوهر نگار - جام خورشید فام - جام سهراسبی - جان نواز جهان - جام گلنار رنگ - جام گون - جام گلناری - جرعه جان نواز - جوهر روح - جام بی‌انتظار - جام یاقوتی.

چ:

چهره افروز - چشمه زندگی - چراغ جسد - چشمه لعل ناب - چراغ شبستان جمشید - چراغ جهان‌بینی دیده - چراغ حرم تاب بتخانه سوز - چشمه زهد خند - چراغ دل شیشه و جام - چراغ دل آتش طور - چشمه سلسبیل - چو خورشید تابان فروزنده - چو چشم غزال ختن پرشتاب - چشم ملک - چراغ خرابات - چشمه آفتاب.

ح:

حاصل عشق - حسن ادراک - راحت روح.

خ:

خسم آزرم - خورشید - خون منصور - خورشید جام - خصم اندوه - خون کبوتر - خون رنگین رز - خاک ظلمات رنگ - خسروانی قدح - خون صراحی و ساغر - خوشگوار بسیط - خون رنگین تاک - خازن می - خسروانی نبید - خون افراسیاب - خون بر من حلال - خون ناموس - خصم خمیازه - خون خُم - خسروانی جام - خون مرغ صراحی و بط - خنجر آبدار.

د:

دلبر خردسال – دعای قدح – درخشان می همچو خورشید – دختر تاک – داروی بیهشان – داروی تلخ – دوای دل دردمندان – دوای دل ریش مجروح – درخشنده لعل بدخشان – دل گزِ جان خراش – درّه التاج لعل – دشمن خانه سوز – دستیار طرب – دشمن فکر – دختر بی‌پدر – درّ یکدانه – دیو در آتش سوده – دواخانه جان پردرد – دختر رز – دشمن عقل و هوس – داروی نوش بهر – دشمن رنج.

ر:

روشنی بخش روح – رشک آب حیات – رشک خورشید – راحت افزای روح – روح پرور شراب – ریق انگور – رشک ماه روح – راحت جسم و جان – رنگ داده عبیر – راح ریحان نسیم – راح راحت – رطل رنگین – رشحه سلسبیل – رطل پیمان شکن – راح راحت فزا – راحت روح – راحت جسم و جان – راح روح – رنگ رخسار حسن – رشک کان یمن – راوق تاک – رشک آب حیات – روح پرور سبو – رطل خورشید – رنگین قدح – رشک یاقوت.

ز:

زهر اتش شعار – زاهد خُم نشین – زر بگداخته – زیبق تافته – زرکش آیینه نقره‌کوب – زعفرانی شراب – زهر شراب – زهر ناب – زرّ بگداخته – زر می – زر سرخ می – زجاج قدح – زاده آتش طور – زاده آفتاب – زاده روح – زاده تاک – زینت جام – زجاجی قدح – زیور نوبهار.

س:

سیمگون جام ناب – ساغر دلپذیر – سهیل یمن – ساغر یکمنی – سرشت قدح – سلسبیل حیات – ساغر دلگشای – ساغر زهرخند – ساغر دلنواز – سرّ مستور – ساغر سلسبیل – سیلاب ساغر – سحاب صراحی – ساغر سرمدی – ساغر می پرست – ساغر سرمدی – ساغر توبه خوار – سبز مینا – سلسبیل وجود – ساغر اهل دید – سلک نادادە آب – سرخ چون تیغ افراسیاب – ساغر زر – ساغر آبدار – ساغر اهل دید – ساغر چون شرار – ساغر ده منی – ساغر لاله‌گون.

ش:

شمع شب زنده دار – شمع مرغوله دود – شوخ چادر زجاج – شمع بهشت – شراب طهور – شاهد شمع – شهید پالوده – شاهد مستی آلوده – ساغر پرطرب – شربت لعل رنگ – شعله بی‌دخان – شربت دلفریب – شربت جانفزای – شب چراغ مغان – شربت خوشگوار – شربت زندگی – شمع دل – شمع خلوت نشین – شمع پروانه آهنگ – شمع امید – شعله صاف – شاهد خام سوز – شمع قندیل روح – شیشه صاف وش – شمع فانوس دل – شیرامّ الفرح –

شراب طهور - شبنم لاله باغ دل - شاخ صراحی - شمع بزم سرور - شاهد بکر - شیر انگور - شعله پر شرر - شعله آتش خیز - شرابی چو فصل بهار بهشت - شفق - شوخ آتش عذار - شراب شب تیره سوز - شمع رخشان طور - شفق گون نبید - شعله پاک - شمع ساغر لگن - شیره نور.

ص:

صیقل روح پاک - صدا پرور مطربان خموش - صیقل جام جم - صیقل غمزدا - صاف انصاف - صیقل فهم و هوش - صاحب رواج - صابون داغ - صفای گلستان نوروز عیش - صاف گیتی نمای - صافی صافی نواز - صاف زرّین ایاغ - صورت جان.

ض:

ضیابخش خورشید ادراک.

ط:

طرفه پیمانه - طرفه درج بلور - طوطی خال و خط - طلسم صراحی - طرب نامه بزم احباب - طراوت ده عارض ساده - طفل پوشیده مشت - طرفه آب - طوطی خوش کلام.

ظ:

ظرف بیجاده رنگ

ع:

عالم سوز - غیرت ارغوان - عقیقی می پرضیا - عقل فرزانه - غیرت سلسبیل - عور مستور.

غ:

غم برانداز

ف:

فروزنده خورشید اوج شهود - فروزنده لعل - فراغت فزای روان‌بخش - فتنه انگیز عشق - فشاننده آستین در سماع - فتنه روزگار - فروزنده خورشید ناشسته رو - فروزنده اختر - فروزنده شمع اداراک - فانوس مینا - فروزنده بزم ایام - فروزنده صبح عهد شباب.

ق:

قرّة العین جام – قرّة العین مستان – قوّت جان – قرمزی آب – قوّت جان – قرّه العین انگور

ک:
کاس کیخسروی –کیمیای وجود –کشتی باده – کلید شبستان صبح فتوح – کشتی پرشراب – کیمیای رحیق –کحل مرام –کیمیای رحیق – کهرباگون سفال –کیمیای فتوح – کان جان روان – کبریت احمر –کهربای وجود –کیمیای یقین – گل عشرت – کوثر شعله خیز – کوثر موج خر –کلید نهانخانه‌ی بیهشی – کیمیای قدح – کهن دشمن انده تازه – کبک طوطی زبان – کاسه کسروی – کشتی نوح – کیمیای مراد.

گ:
گل جام – گلاب – گوهر تابناک – گلرخ لعل فام – گرمخون – گردشوی غرور – گل شعله آتش تاک – گل باغ عیش – گوهر پاک – گوهر عنصری – گنجدان نشاط – گرانمایه بیجاده‌ی ناب – گل سرخ در ماه دی – گمشده گوهر شبچراغ – گرانمایه یاقوت سیاله – گرانمایه یاقوت سیراب – گوهر ناب کیمیای بقا – گوهر دُرج راز – گلاب گل باغ انصاف – گوهر لعلی سومنات – گوهر شبچراغ – گل نشأه.

ل:
لعل بگداخته – لعل ناب – لعل رخشنده – لعل گون باده – لعل رخشنده – لعل زرّینه فرش – لاله سبز پوش – لعل یک پاره – لعل رنگ – لعل یاقوت سان – لعل پالوده – لعل یاقوت رنگ – لعل محلول – لعل گون باده – لعل رخشان پاک – لجّه شیشه فام – لعل رُمّانی – لعبت لعل پوش – لذت آمیز عشق – لعل سومنات – لاله باغ عیش – دلفریب نصوح – لاله‌گون می – لعبت سیمبر.

م:
مایه بخش امید – مرغ باغ بهشت – مجلس آرا – مظهر لطف و قهر – می کهنه – می آتشین – مایه ساز گوش – مشعل برق دود – می پرجلا – می سرخ – ماه روش‌تر از آفتاب – می سلسبیل – مهر اَنجُم غلام – مایه صلح کل – مایه بیخودی – می اتّحاد – می تلخ شورش فکن – مایه ناز – مایه شستشو – می لعل – می دلفروز – می لاله گون – می من ربای – میوه مهربان – می مشکبو – ماه قدح – مسیح طرب – موجب عمّان خُم – مر هم جان ریش – منبع نور – مایه بیغمی – مداوای دلهای غمناک – می وحدت – می جانفزا – می آتشین – می دلپسند – می حیات ابد – مجلس افروز می – مروّق می دل فروزنده – مومیاییّ خاص – مایه شادی شور – مست هنگامه ساز – مشک پرور گلاب – مست فیروز جنگ – می نغمه –

ماه گلگون نقاب – مرهم زخم – مجلس افروز عیش – ماه برج قدح – می روشـــن دلپذیر – مرکز روح – مرهم سـینه – مایه سـوزِ حجاب – می کفر و دین سـوز – مرشـد کامل عشـق – مست بی‌باک – مایه معدن خاک – می ناب – مایه اشـتلم – می خوشگوار – می زعفران طبع گلفام – ملیه کین و مهر – ملیه ایمنی – می تلخ – مومیایی می – می بدر – می زرناب – ماه روز نبید – می نور بخش – می غم گداز – مرحم داغ دل – مایه زندگی – مایه دلخوشی.

ن:

نیلگون خُم – نور جام الست – نوشـداری راز – نایب جام جم – نور چشـم و چراغ – نور دل – نور کلیم – نور خلیل – نوشـدارو – نار هسـتی فروز – نوشـداروی عیش – نور بگزیده – روح – نشأهٔ زندگی – نقد باغ بهشـت – نور انگور – نور بخش صـبوح – نگین سـلیمانی – نور خورشـید انصاف – نوشداروی می – نازپرورده – نوخط گلعذار.

و:

وحشی آهوی مردم شکار.

ه: هلال – یاقوت احمر – همدم صب و شام – همشیر لعل – همزاد روح – هاروت – هستی گداز.

ی:

یار دلسوز – یوسف می.

فهرست الفایی مراجعی که از آنها به نحوی در تهیه‌ی این مجموعه استفاده گردیده:

۱. پارسی گویان هند و سند. دکتر هُرومل سدارنگانی. انتشارات بنیاد فرهنگ ایران. ۲۴۳۵ شاهنشاهی.

۲. پیران طریقت . دکتر جواد نوربخش. چاپ اوّل. انتشارات خانقاه نعمت الهی تهران اسفندماه ۱۳۵۸.

۳. تاریخ ادبی ایران از سعدی تا جامی. ادوار برون. ترجمه و حواشی علی اصغر حکمت. چاپ چهارم. مؤسسه‌ی انتشارات امیرکبیر. تهران ۲۵۳۷.

۴. تاریخ ادبیّات ایران از فردوسی تا سعدی. نیمه نخست. ادوار براون، ترجمه و حواشی به قلم فتح الله مُجتبائی، چاپ سوم، انتشارات مروارید، ۱۳۶۱.

۵. تاریخ ادبیّات ایران از فردوسی تا سعدی، نیمه دوّم، ادوار براون، ترجمه‌ی غلامحسین صدری افشار، چاپ دوم انتشارات مروارید، ۲۵۳۷.

۶. تاریخ ادبیات ایران، (مشتمل بر تاریخ ادبیات ایران از ازمنه قدیم تاریخی تا حمله‌ی مغول)، جلال الدّین همائی، جلد اوّل و دوّم، چاپ سوّم، انتشارات کتابفروشی فروغی، (بدون تاریخ).

۷. تاریخ ادبیات در ایران، دکتر ذبیح الله صفا، جلد اوّل، چاپ ششم انتشارات فردوسی، تهران ۱۳۶۳.

۸. تاریخ ادبیات در ایران، همان مؤلف، جلد دوّم، چاپ ششم، انتشارات فردوسی، تهران ۱۳۶۳.

۹. تاریخ ادبیات در ایران، همان مؤلف، جلد سوّم، چاپ چهارم، انتشارات فردوسی، تهران ۱۳۶۳.

۱۰. تاریخ ادبیات در ایران، همان مؤلف، جلد چهارم، چاپ دوّم، انتشارات فردوسی، تهران ۱۳۶۳.

۱۱. تاریخ ادبیات در ایران، همان مؤلف، جلد پنجم – بخش اوّل، چاپ اوّل، انتشارات فردوسی، تهران ۱۳۶۴.

۱۲. تاریخ ادبیات در ایران، همان مؤلف، جلد پنجم، بخش دوّم، چاپ دوّم، انتشارات فردوسی، تهران ۱۳۶۳.

۱۳. تاریخ نظم و نثر در ایران و در زبان فارسی، سعید نفیسی، جلد اوّل و دوّم، چاپ دوّم، انتشارات کتابفروشی فروغی. ۱۳۶۳.

۱۴. تذکرهٔ انجمن ناصری به همراه تذکره‌ی مجدیّه، میرزا ابراهیم خان مدایح نگار تفرشی، با مقدمه‌ی ایرج افشار، چاپ اوّل، انتشارات بابک پائیز ۱۳۶۳.

۱۵. تذکره‌ی پیمانه در ذکر ساقی نامه‌ها و احوال و آثار ساقی نامه سرایان. (ذیل تذکرهٔ میخانه)، احمد گلچین معانی، انتشارات دانشگاه مشهد، اردیبهشت ۱۳۵۹.

۱۶. تذکرهٔ الشعرآ، تصنیف امیر دولتشاه سمرقندی، به همّت محمّد رمضانی، چاپ دوّم، انتشارات پدیده «خاور». آبان ماه ۱۳۶۶.

۱۷. تذکره تحِفه سامی. سام میرزا صفوی، با تصحیح و مقدمه رُکن الدین همایون فرّخ، شرکت سهامی چاپ و انتشارات کتب ایران. (بدون تاریخ).

۱۸. تذکرهٔ روز روشن، مولوی محمد مظفر حسین صبا، با تصحیح و تحشیه محمد حسین رُکن زاده آدمیّت. انتشارات کتابخانه‌ی رازی، تهران ۱۳۴۳.

۱۹. تذکره‌ی ریاض العارفین، رضاقلی خان هدایت، به کوشش مهرعلی گرگانی. انتشارات کتابفروشی محمودی، (بدون تاریخ).

۲۰. تذکرهٔ لباب الالباب. محمد عوفی. از روی چاپ پروفسور براون با مقدمه و تعلیقات علامه محمد قزوینی و نخبه‌ی تحقیقات استاد سعید نفیسی، به قلم محمد عباسی، نیمه اول، چاپ اول، انتشارات کتابفروشی فخر رازی، بهار ۱۳۶۱.

۲۱. تذکرهٔ مجالس النّفائس، میر نظام الدّین علیشیر نوائی، بسعی و اهتمام علی اصغر حکمت، چاپ اوّل، انتشارات کتابخانه‌ی منوچهری، ۱۳۶۳.

۲۲. تذکرهٔ میخانه، ملا عبدالنبی فخر الزمانی قزوینی، با تصحیح و تنقیح و تکمیل تراجم باهتمام استاد احمد گلچین معانی، چاپ سوّم، انتشارات اقبال، ۱۳۶۲.

۲۳. تذکره‌ی نصرآبادی، میرزا محمد طاهر نصرآبادی، با تصحیح و مقابله وحید دستگردی. انتشارات کتابفروشی فروغی. (بدون تاریخ)

۲۴. تذکرهٔ هزار مزار، عیسی بن جُنید شیرازی، به تصحیح و تحشیه‌ی دکتر نورانی وصال. چاپ اول، انتشارات کتابخانه‌ی احمدی شیراز. زمستان ۱۳۶۴.

۲۵. جامی، علی اصغر حکمت. انتشارات توس، تابستان ۱۳۶۳.

۲۶. حدیقهٔ الشعرا. سید احمد دیوان بیگی شیرازی. با تصحیح و تکمیل و تحشیه دکتر عبدالحسین نوائی. انتشارات زرّین، جلد اوّل، چاپ اول، فروردین ۱۳۶۴، جلد دوّم، چاپ اوّل، تابستان ۱۳۶۵، جلد سوّم، چاپ اوّل، بهار ۱۳۶۶.

۲۷. دیوان حافظ، گرداوری سید عبدالرحیم خلخالی، انتشارات حافظ. ۱۳۶۲.

۲۸. دیوان حافظ لسان الغیب، چاپ اوّل (در ایران)، انتشارات سعدی، اسفند ۱۳۶۳.

۲۹. دویست سخنور «تذکرهٔ الشعرای منظوم و منثور»، نظمی تبریزی، چاپ دوّم، انتشارات علمی، ۱۳۶۳.

۳۰. دیوان خواجه حافظ شیرازی، به اهتمام سید ابوالقاسم انجوی شیرازی، انتشارات جاویدان، چاپ چهارم، نوروز ۱۳۶۱.

۳۱. دیوان خواجه شمس الدین محمد حافظ شیرازی، به اهتمام محمد قزوینی و دکتر قاسم غنی، چاپ چهارم، انتشارات کتابفروشی زوّار، ۱۳۶۲.

۳۲. دیوان خواجه شمس الدّین محمد حافظ شیرازی، به اهتمام سید محمد رضا جلالی نائینی و دکتر نذیر احمد. انتشارات امیر کبیر، چاپ پنجم، ۱۳۶۲.

۳۳. دیوان خواجه شمس الدّین محمد حافظ شیرازی، بکوشش ادیبی تهرانی، چاپ اول، انتشارات نوین، ۱۳۶۲.

۳٤. دیوان خواجه شمس الدّین محمد حافظ شیرازی قدّس سرّه العزیز. با مقدمه‌ای از علی اصغر حکمت و مهدی قدسی. خط و تفسیر و حاشیه نویسی از محمد قدسی، انتشارات اشراقی (بدون تاریخ)

۳۵. دیوان رضی الدین ارتیمانی، به کوشش محمد علی امامی، انتشارات کتابفروشی خیام. (بدون تاریخ)

۳٦. دیوان قصاید و غزلیّات نظامی گنجوی به کوشش سعید نفیسی، انتشارات کتابفروشی فروغی، (بدون تاریخ).

۳۷. دیوان کامل امیر خسرو دهلوی، به کوشش م، درویش، چاپ دوم، سازمان انتشارات جاویدان، اسفند ۱۳۶۱.

۳۸. دیوان کامل خواجوی کرمانی، با مقدمه مهدی افشار، انتشارات زرین، (بدون تاریخ).

۳۹. دیوان لطفعلی بیک آذربیگدلی، به کوشش و اهتمام دکتر حسن سادات ناصری و پروفسور غلامحسین بیگدلی، چاپخانه علمی (جاویدان)، چاپ اول. ۱۳۶۶.

٤۰. دیوان مولانا شمس الدّین محمد حافظ شیرازی، به اهتمام دکتر یحیی قریب، چاپ دوم، انتشارات صفی علیشاه، ۱۳۶۱.

٤۱. دیوان مولانا محمد جعفر قراگوزلو کبوتر آهنگی همدانی معروف به مجذوب علی شاه، چاپ سوم، انتشارات اقبال، مهر ۱۳۶۱.

٤۲. سیمای شاعران، صابر کرمانی، چاپ دوم، انتشارات اقبال، ۱۳۶۴.

٤۳. شعر العجب یا تاریخ شعرا و ادبیات ایران، علامّه شبلی نعمانی هندی، ترجمه‌ی سید محمد تقی فخرداعی گیلانی، دوره‌ی پنج جلدی، انتشارات دنیای کتاب، چاپ دوم، ۱۳۶۳.

٤٤. فرهنگ فارسی، دکتر محمد معین، دوره‌ی شش جلدی، چاپ پنجم، انتشارات امیر کبیر، ۱۳۶۲.
٤٥. کلیات اشعار ملک الشعراء طالب آملی، به اهتمام طاهری شهاب، انتشارات کتابخانه‌ی سنائی. (بدون تاریخ).
٤٦. کلیات اشعار مولانا عرفی شیرازی، به کوشش جواهری «وجدی». انتشارات کتابخانه‌ی سنائی، (بدون تاریخ).
٤٧. کلیات دیوان جامی، به اهتمام شمس بریلوی، چاپ اول، انتشارات هدایت، دی ۱۳۶۲.
٤٨. گنجینه‌ی سخن، دکتر ذبیح الله صفا، جلد اول تا پنجم، چاپ چهارم، انتشارات امیر کبیر، ۱۳۶۳.
٤٩. گنجینه‌ی سخن، دکتر ذبیح الله صفا، جلد ششم، چاپ اول، انتشارات امیر کبیر، ۱۳۶۲.
٥٠. گنج سخن، دکتر ذبیح الله صفا، جلد اول تا سوم، چاپ هفتم، انتشارات ققنوس، ۱۳۶۳.
٥١. گنج و گنجینه، دکتر ذبیح الله صفا، به انتخاب دکتر محمد ترابی، چاپ اول، ۱۳۶۲.
٥٢. فرهنگ نفیسی، دکتر علی اکبر نفیسی، انتشارات کتابفروشی خیام، دوره‌ی پنج جلدی، (بدون تاریخ).

کتاب های دیگر از دکتر سعید نعمتی که در انتشارات ما:

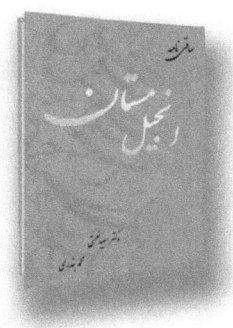

برای تهیه کتاب ها از آمازون یا وبسایت انتشارات می توانید بارکدهای زیر را اسکن کنید

kphclub.com

Amazon.com

Kidsocado Publishing House
خانه انتشارات کیدزوکادو
ونکوور، کانادا

تلفن : ۸۶۵۴ ۶۳۳ (۸۳۳) ۱+
واتس آپ: ۷۲۴۸ ۳۳۳ (۲۳۶) ۱+
ایمیل: info@kidsocado.com
وبسایت انتشارات: https://kidsocadopublishinghouse.com
وبسایت فروشگاه: https://kphclub.com